FALKEN BÜCHEREI

Ernst Fern

Wir lernen tanzen

Standard- und lateinamerikanische Tänze

FALKEN VERLAG

Zum leichteren Erlernen von Disco-Fox, Blues und Rock'n'Roll empfehlen wir die Video-Kassette **»Tanzen überall«** aus der **Falken-Videothek.** Grundschritte und Figuren in Großaufnahmen und Wiederholungen erleichtern das Einüben.

CIP-Kurztitelaufnahme der Deutschen Bibliothek

Fern, Ernst
Wir lernen tanzen
Standard- und lateinamerikanische Tänze / Ernst Fern
Niedernhausen / Ts.: Falken-Verlag, 1980
(Die Falken-Bücherei)

ISBN 3 8068 0200 X

ISBN 3 8068 0200 9

Fotos: Foto-Studio A. Olligschläger, Köln
Titelbild: Foto-Studio A. Olligschläger, Köln
Schrittzeichnungen: Ingrid Gabriel, Edith Kuchenmeister
Gesamtherstellung: Neuwieder Verlagsgesellschaft mbH, Neuwied

2928 27

Inhalt

Vorwort

Tanz ... Wer von Ihnen, verehrte Leser, wäre noch nie von ihm fasziniert gewesen? Seit Jahrhunderten übt der Tanz eine geheime Zauberkraft auf die Menschen aus. Seine Geschichte lehrt uns, daß sich schon in der frühen Antike der Mensch mit dem Tanz beschäftigt hat. Nur hatte er in jener Zeit eine andere Bedeutung als heute.
Der Tanz in seiner Urform war ausschließlich religiösen Charakters. Das gesellige und unterhaltsame Moment kam erst wesentlich später hinzu. Als Geburtsstunde des Gesellschaftstanzes gilt das Zeitalter der Renaissance; aber von damals bis heute hat er oft sein Gesicht verändert. Zu jener Zeit war er ein Privileg des Adels.
Der zweite Stand – das Bauerntum – hatte seine eigene Tanzform, den Volkstanz. Die soziologischen Veränderungen hatten jedoch zur Folge, daß der Gesellschaftstanz allen Kreisen des Volkes – besonders dem Bürgertum – zugänglich wurde. Neue Tänze kamen und alte verschwanden. Barock, Rokoko, Biedermeier, die Gründerzeit – sie alle hatten ihre eigenen Tänze.
Mit dem Beginn des 20. Jahrhunderts brach für den Gesellschaftstanz eine neue Ära an. Während für die Tänze bisher die Grundlagen des Balletts bestimmend waren, hatten die modernen Tänze einen anderen Aufbau. Auch der Stil der Musik war von Grund auf verwandelt. Vor- und Rückwärtsbewegung, getanzt nach einer sehr rhythmischen Musik, zeichnete den neuen Tanzstil aus, wie zum Beispiel in der Inflationszeit Charleston, Black-Bottom, Jimmy und ähnliche Tänze.
In den folgenden Jahren stilisierten Tanzexperten die älteren Gesellschaftstänze, um ihnen ein moderneres Gesicht zu geben.
Es ginge weit über den Rahmen dieses Buches hinaus, wenn die Entwicklung des Gesellschaftstanzes in Details behandelt würde. Meine Aufgabe ist es eher, Ihnen die Standard- und Lateinamerikanischen Tänze in dem heute modernen, international anerkannten Stil nahezubringen.
Der große Erfolg der Lehrbücher »Gestatten Sie?« und »Wir lernen tanzen«, in denen Grund- und Fortschrittsprogramme beschrieben wurden, war Veranlassung, alle Tänze zu überarbeiten und dem heutigen Trend anzupassen. Dabei sind alle Figuren des Welttanzprogramms berücksichtigt worden, und zwar in der Reihenfolge, wie wir sie unseren jugendlichen und erwachsenen Tanzschülern im Grund- und Ergänzungskursus zeigen.

Dieses Buch will dem Anfänger helfen, die erste Tür zum großen Gebiet der Gesellschaftstänze zu öffnen. Dem fortgeschrittenen Tänzer soll es zur Vervollkommnung dienen. Es soll ihm helfen, eingeschlichene Fehler immer wieder zu beseitigen. Auch sollen die Beschreibungen eine sinnvolle Ergänzung zum aktiven Tanzunterricht sein.

Viel Spaß beim Lernen und beim Tanzen
wünscht Ihnen

Ihr Ernst Fern

Die Standardtänze

Zuerst wollen wir uns mit den klassischen Tänzen, den Standardtänzen, befassen. Zu dieser Gruppe gehören Foxtrott, Langsamer Walzer, Wiener Walzer, Tango und Langsamer Foxtrott. Da der langsame Foxtrott mit seinen raumgreifenden Bewegungen nur für den Turniertänzer interessant ist, verzichte ich in diesem Buch auf seine Beschreibung; denn man kann diesen Tanz wirklich nur auf sehr großen und freien Flächen tanzen. Bevor ich mit der Erläuterung des Foxtrotts beginne, gestatten Sie mir bitte, daß wir noch einige Punkte besprechen, die Ihnen den Weg zum guten und korrekten Tanz ebnen sollen.

Die Haltung

Korrekte Haltung

Korrekte Haltung

Legere Haltung

Für Foxtrott, Langsamer Walzer und Wiener Walzer gilt die gleiche Tanzhaltung. Die davon abweichende Tanzhaltung des Tangos werde ich später erläutern. Vielleicht machen Sie jetzt gleich mit:
Stellen Sie sich bitte gegenüber auf. Die Füße sind geschlossen. Man steht in aufrechter Position parallel voreinander. Bitte den Kopf anheben und ihn leicht nach links drehen. Danke! Die Dame steht etwas auf der rechten Seite des Herrn, so daß sich ihr rechter Fuß etwa zwischen den Füßen des Herrn befindet. Sie haben in der Magengegend eine leichte »Tuchfühlung«, die das Führen und Folgen erleichtern soll. Der Herr legt seine rechte Hand, bitte Finger und Daumen gestreckt aneinander legen, auf den unteren Teil des linken Schulterblattes der Dame. Die Fingerspitzen zeigen schräg nach unten. Bitte fassen Sie mit Ihrer Hand nicht so fest, daß die Dame meint, sie befände sich in einem Schraubstock. Ein leichter Druck genügt. Den rechten Ellbogen hebt der Herr leicht an, um der Dame durch seine Führung die nötige Sicherheit zu geben. Die Dame legt nun ihre linke Hand auf den rechten Oberarm des Herrn, dabei soll der Daumen nach innen zeigen. Die rechte Hand legt sie zwischen Daumen und Zeigefinger der linken Hand des Herrn. Die Daumen kreuzen sich. Beide Hände bilden ein Dach und werden in Augenhöhe des kleineren Partners gehalten. Beide Ellenbogen des Herrn sollen mit dem Rücken eine Linie bilden. Sie befinden sich beide auf gleicher Höhe.
Ich erkläre Ihnen die Haltung so genau, weil ich glaube, daß dieser Punkt von größter Wichtigkeit ist, um auf der Tanzfläche eine »gute Figur« abzugeben. Sie alle kennen sicher Tänzer, die sich rhythmisch einwandfrei bewegen, jedoch durch eine schlechte Haltung auffallen.
Gehen Sie bitte jetzt noch einmal alle Einzelheiten durch; denn je öfter Sie sich damit befassen, desto schneller werden sie Ihnen zur sicheren Gewohnheit.

Das Führen und Folgen

Der Herr führt und die Dame sollte sich führen lassen. Nur so können zwei Menschen beim Tanzen zu einer Einheit, zu einem harmonischen Tanzpaar, werden. Der Herr sollte wissen, welche Figuren er zu einer Reihenfolge verbinden will. Er teilt sie der Dame durch einen leichten Druck seiner rechten Hand mit. Wenn eine rechtsdrehende Figur getanzt werden soll, so wird der rechte Handballen mehr eingesetzt. Soll eine Linksdrehung folgen, werden das die Fingerspitzen der rechten Hand mit leichtem Druck anzeigen. Vor- und Rückwärtsbewegung,

die geradeaus getanzt werden, erfordern keine Führung mit der rechten Hand, da die Dame durch die »Tuchfühlung« die Richtung der Bewegung erkennen wird. Die linke Hand des Herrn soll nicht führen.
Nie sollte die Dame versuchen, den Herrn bei irgendeiner Figur führen zu wollen. Kein Herr läßt sich gern jene Rechte nehmen, die ihm aus erforderlichen Gründen zugestanden werden mußten. Ich will es einmal anders ausdrücken: Eine Dame, die beim Tanzen führen will, merkt nicht, daß sie sich der Führung des Herrn widersetzt. Die Folge davon wird sein, daß die Herren mit solch einer »schwer« zu führenden Dame nicht gern tanzen mögen. Die beste Partnerin ist immer diejenige, welche der Führung des Herrn leicht zu folgen vermag. Sollte es ihr einmal zu arg werden, bleibt es ihr unbenommen, den Herrn auf die Fantasiegebilde seiner Tanzschritte hinzuweisen.
Tanzen Sie so leicht wie möglich. Der Partner bzw. die Partnerin darf Ihr Körpergewicht nicht als Last empfinden.

Die Balance

Beide Partner achten bitte darauf, daß sie sich bei jedem Bewegungsablauf im Gleichgewicht befinden. Es ist wichtig, daß jeder seine eigene Balance hat. Also bitte nicht durch Festhalten beim Partner das Gleichgewicht suchen. Sie stehen am sichersten, wenn Sie entschlossen von einem Fuß auf den anderen tanzen, d.h. Sie stehen dann im Gleichgewicht, wenn sich Ihr Körpergewicht senkrecht über einem Fuß befindet. Aber damit sage ich ja nichts Neues.
Nun zum Verständnis der nachfolgenden Tanz-Darstellungen noch einige Hinweise:

Fußstellung: Unter diesem Begriff wird angegeben, ob der rechte oder der linke Fuß vorwärts, rück- oder seitwärts gesetzt werden soll.

Richtung der Bewegung: Der gute Tänzer versteht es, gewisse »Verkehrsregeln« auf der Tanzfläche zu beachten. Als erstes ist wichtig, daß man sich immer entlang der Tanzrichtung bewegt. Die Tanzrichtung verläuft gegen den Uhrzeigersinn, gleichgültig ob die Tanzfläche rund oder eckig ist. Achten Sie bitte immer auf die Ausgangsstellung einer Figur. Unterscheiden Sie dabei zwischen »zur Wand«, »schräg zur Wand«, »in Tanzrichtung«, »schräg zur Mitte«, »zur Mitte«, »schräg zur Mitte gegen die Tanzrichtung«, »gegen die Tanzrichtung«, »schräg zur Wand gegen die Tanzrichtung«.

Untenstehende Skizze soll Ihnen die verschiedenen Richtungen veranschaulichen.

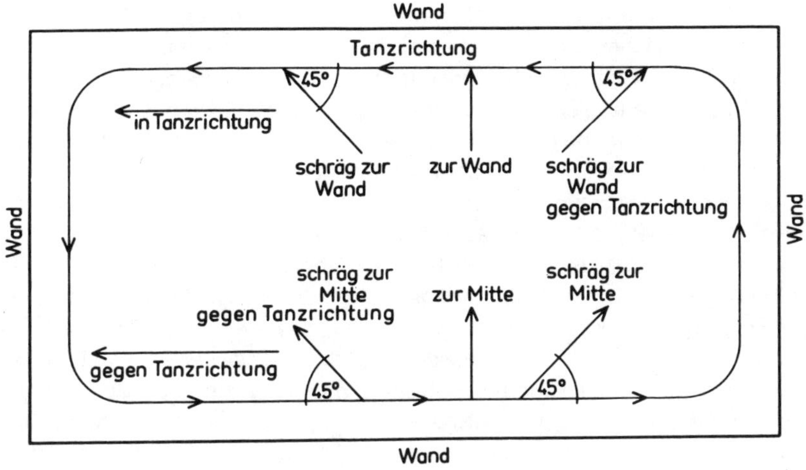

Fußarbeit: Darunter versteht man das Ansetzen eines Fußes mit Ferse, Ballen oder flach. Bei Vorwärtsschritten, die mit der Ferse angesetzt werden, rollt der Fuß immer über den Ballen ab. Bei Rückwärtsschritten, die zwangsläufig mit dem Ballen angesetzt werden, rollt der Fuß immer über die Ferse ab. Dies sollten Sie unbedingt beachten. Nur so können Sie eine natürliche Bewegung erreichen. Ich werde in meiner Beschreibung nur jeweils die Stichworte »Ferse«, »Ballen« oder »flach« angeben, da ich annehme, daß Ihnen das Abrollen des Fußes in der Bewegung hinreichend klar ist.

Rhythmus: Jedes Tanzpaar wird sich nach der Musik richten, die gerade gespielt wird. Man muß also lernen, den Tanz nach dem Rhythmus zu bestimmen. Jeder Tanz hat einen gewissen Grundrhythmus, der in seinen Grundfiguren immer wiederkehrt. So kennen wir langsame und schnelle Schritte. Ich werde nur »langsam« oder »schnell« angeben, außer bei der Samba und beim Paso doble, bei dem auch »lang« erscheint.

Und nun zur Schrittbeschreibung des ersten Tanzes.

Der Foxtrott (Quickstep)

Foxtrott-Musik wird von den Kapellen wohl am häufigsten gespielt. Deshalb wollen wir uns zunächst einmal mit diesem Tanz auseinandersetzen.
Bevor ich über Schritte spreche, möchte ich die oft gestellte Frage erörtern: Was ist der Unterschied zwischen Foxtrott und Quickstep? Foxtrott ist die Bezeichnung für eine swingende Musik, die im $^4/_4$-Takt steht und mit etwa 36 bis 52 Takten pro Minute gespielt wird. In der rhythmischen Foxtrottform tanzt man zwei Gehschritte (immer langsam) und einen Wechselschritt (zwei Schritte, die Seit-Schluß haben und schnell ausgeführt werden). Auch den Quickstep tanzt man nach Foxtrottmusik. Allerdings hat man dabei keinen so großen Spielraum im Tempo der Musik. Quickstep wird mit 48 bis 52 Takten in der Minute gespielt. Alle Grundfiguren liegen international fest. Die Fortbewegung basiert nicht auf den Gehschritten, sondern auf Chassé-Schritten, die seitwärts ausgeführt werden. Wer diesen Tanzstil erlernen will, sollte unbedingt vorher die Bewegungen des rhythmischen Foxtrott geübt haben. Grundsätzlich liegt der Unterschied zwischen Foxtrott und Quickstep im wesentlichen in der Schrittkonstruktion. Beide Tänze haben aber – wenn man von der Tempoeinteilung absieht – dieselbe Musik.
Zunächst will ich Ihnen die Figuren des Foxtrott erklären.

Der rhythmische Foxtrott (Für Anfänger)

Vierteldrehungen

Herrenschritt

Schritt	*Fußstellung*	*Richtung der Bewegung*	*Fußarbeit*	*Rhythmus*
1	linker Fuß vorwärts	schräg zur Wand	Ferse	langsam
2	rechter Fuß vorwärts	schräg zur Wand Körper nach rechts drehen	Ferse Ballen	langsam schnell
3	linker Fuß seitwärts, kleiner Schritt	Körper weiter nach rechts drehen*		

Schritt	*Fußstellung*	*Richtung der Bewegung*	*Fußarbeit*	*Rhythmus*
4	rechter Fuß schließen	Rücken zeigt nun schräg zur Mitte* * (Zwischen 2 und 4 1/4 Rechtsdrehung)	Ballen	schnell
5	linker Fuß rückwärts	schräg zur Mitte	Ballen, flach	langsam
6	rechter Fuß rückwärts	schräg zur Mitte, Körper nach links drehen	Ballen, flach	langsam
7	linker Fuß seitwärts, kleiner Schritt	Körper weiter nach links drehen*	Ballen	schnell
8	rechter Fuß schließen	Front zeigt nun schräg zur Wand* * (Zwischen 6 und 8 1/4 Linksdrehung)	Ballen	schnell

Damenschritt

Schritt	*Fußstellung*	*Richtung der Bewegung*	*Fußarbeit*	*Rhythmus*
1	rechter Fuß rückwärts	schräg zur Wand	Ballen, flach	langsam
2	linker Fuß rückwärts	schräg zur Wand Körper nach rechts drehen	Ballen, flach	langsam
3	rechter Fuß seitwärts, kleiner Schritt	Körper weiter nach rechts drehen*	Ballen	schnell
4	linker Fuß schließen	Front zeigt nun schräg zur Mitte* * (Zwischen 2 und 4 1/4 Rechtsdrehung)	Ballen	schnell
5	rechter Fuß vorwärts	schräg zur Mitte	Ferse	langsam

Schritt	*Fußstellung*	*Richtung der Bewegung*	*Fußarbeit*	*Rhythmus*
6	linker Fuß vorwärts	schräg zur Mitte, Körper nach links drehen	Ferse	langsam
7	rechter Fuß seitwärts, kleiner Schritt	Körper weiter nach links drehen*	Ballen	schnell
8	linker Fuß schließen	Rücken zeigt nun schräg zur Wand* * (Zwischen 6 und 8 $^1/_4$ Linksdrehung)	Ballen	schnell

Nachfolgend wird die Schrittfolge noch einmal ausführlich erläutert.

Schritt-Diagramm

Herrenschritt *Damenschritt*

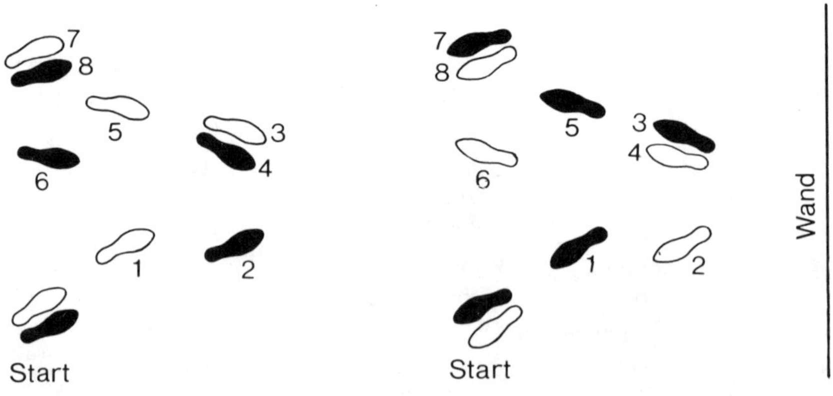

Diese Figur können Sie in ständigem Wechsel tanzen. Wollen Sie allerdings ein wenig Abwechslung hineinbringen, so rate ich Ihnen, die Vierteldrehungen mit der folgenden Figur zu verbinden. Es handelt sich um eine rechtsdrehende Bewegung, die von den meisten Tänzern gern getanzt wird.

Rechtsachsendrehung

Herrenschritt

Schritt	*Fußstellung*	*Richtung der Bewegung*	*Fußarbeit*	*Rhythmus*
1	linker Fuß vorwärts	schräg zur Wand	Ferse	langsam
2	rechter Fuß vorwärts	schräg zur Wand, Körper nach rechts drehen*	Ferse	langsam
3	linker Fuß seitwärts	Körper weiter nach rechts drehen*	Ballen	schnell
4	rechter Fuß schließen	Rücken zeigt nun in Tanzrichtung* * (Zwischen 2 und 4 $^3/_8$ Rechtsdrehung)	Ballen	schnell
5	linker Fuß schräg rückwärts, kleiner Schritt	mit Körper und Fuß stark nach rechts drehen, am Ende Front in Tanzrichtung (auf $5^1/_2$ Rechtsdrehung)	flacher Ballen	langsam
6	rechter Fuß vorwärts zwischen die Füße der Partnerin	Körper und Fuß weiter nach rechts drehen*	Ferse	langsam
7	linker Fuß seitwärts	Körper weiter nach rechts drehen*	Ballen	schnell
8	rechter Fuß schließen	Rücken zeigt nun schräg zur Mitte* * (Zwischen 6 und 8 $^3/_8$ Rechtsdrehung)	Ballen	schnell
9	linker Fuß rückwärts	schräg zur Mitte	Ballen, flach	langsam

Schritt	*Fußstellung*	*Richtung der Bewegung*	*Fußarbeit*	*Rhythmus*
10	rechter Fuß rückwärts	schräg zur Mitte, Körper nach links drehen	Ballen, flach	langsam
11	linker Fuß seitwärts kleiner Schritt	Körper weiter nach links drehen*	Ballen	schnell
12	rechter Fuß schließen	Front zeigt nun schräg zur Wand* * (Zwischen 10 und 12 $^1/_4$ Linksdrehung)	Ballen	schnell

Schritt-Diagramm der Rechtsachsendrehung

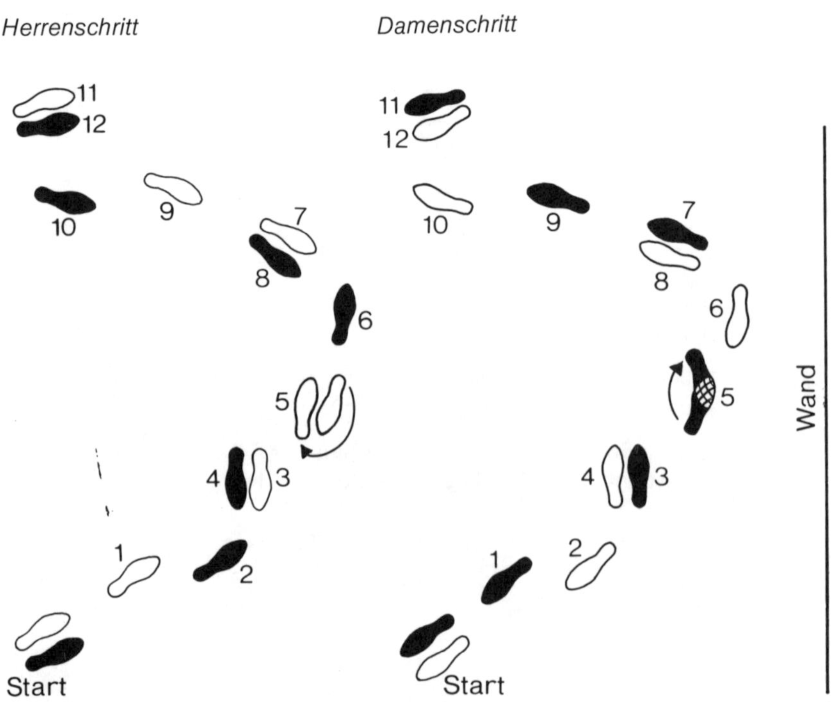

Damenschritt

Schritt	*Fußstellung*	*Richtung der Bewegung*	*Fußarbeit*	*Rhythmus*
1	rechter Fuß rückwärts	schräg zur Wand	Ballen, flach	lang
2	linker Fuß rückwärts	schräg zur Wand, Körper nach rechts drehen	Ballen, flach	lang
3	rechter Fuß seitwärts	Körper weiter nach rechts drehen*	Ballen	schnell
4	linker Fuß schließen	Front zeigt nun in Tanzrichtung* * (Zwischen 2 und 4 $^3/_8$ Rechtsdrehung)	Ballen	schnell

5. Schritt

6. Schritt

8. Schritt

Rechtsachsendrehung

Schritt	*Fußstellung*	*Richtung der Bewegung*	*Fußarbeit*	*Rhythmus*
5	rechter Fuß vorwärts zwischen die Füße des Partners	mit Körper und Fuß stark nach rechts drehen, am Ende Rücken in Tanzrichtung*	Ferse, Drehung auf Ballen	langsam
6	linker Fuß schräg rückwärts, gut um den Partner setzen	Körper und Fuß weiter nach rechts drehen* * (Zwischen 5 und 6 $^1/_2$ Rechtsdrehung)	Ballen, flach	langsam
7	rechter Fuß seitwärts	Körper weiter nach rechts drehen*	Ballen	schnell
8	linker Fuß schließen	Front zeigt nun schräg zur Mitte* * (Zwischen 6 und 8 $^3/_8$ Rechtsdrehung)	Ballen	schnell
9	rechter Fuß vorwärts	schräg zur Mitte	Ferse	langsam
10	linker Fuß vorwärts	schräg zur Mitte, Körper nach links drehen	Ferse	langsam
11	rechter Fuß seitwärts	Körper weiter nach links drehen*	Ballen	schnell
12	linker Fuß schließen	Rücken zeigt nun schräg zur Wand* * (Zwischen 10 und 12 $^1/_4$ Linksdrehung)	Ballen	schnell

Damit, meine Damen und Herren, habe ich die beiden am meisten getanzten Figuren des Foxtrotts erklärt. Vielleicht darf ich Ihnen für das Einüben noch einen Rat geben: Tanzen Sie jede Figur zunächst einmal separat erst ohne Musik, dann mit Musik. Wählen Sie Schallplatten mit exaktem Tanzrhythmus. Wenn Sie beide Figuren einzeln beherrschen, dann tanzen Sie diese immer abwechselnd als Schrittverbindung. Also:
Vierteldrehungen – Rechtsachsendrehung – Vierteldrehungen – Rechtsachsendrehung usw. Achten Sie bitte darauf, daß der Rhythmus »langsam – langsam – schnell – schnell« ständig wiederholt wird.

Der Quickstep (Für Fortgeschrittene)

Für diejenigen, die sich im Foxtrott sicher fühlen und nun den Wunsch haben, sich schwingender und großzügiger zu bewegen, wollen wir einige Figuren des Quickstep beschreiben.

Vierteldrehungen (Quarter turns)

Herrenschritt

Schritt	*Fußstellung*	*Richtung der Bewegung*	*Fußarbeit*	*Rhythmus*
1	rechter Fuß vorwärts	schräg zur Wand, Körper nach rechts drehen	Ferse	langsam
2	linker Fuß seitwärts	Körper weiter nach rechts drehen	Ballen	schnell
3	rechter Fuß schließen	Rücken zeigt nun schräg zur Mitte (Zwischen 1 und 4 $^{1}/_{4}$ Rechtsdrehung)	Ballen	schnell
4	linker Fuß seitwärts	Rücken zeigt schräg zur Mitte	Ballen	langsam
5	rechter Fuß rückwärts	schräg zur Mitte, Körper nach links drehen	Ballen, flach	langsam
6	linker Fuß seitwärts	Körper weiter nach links drehen	Ballen	schnell
7	rechter Fuß schließen	Front zeigt nun schräg zur Wand (Zwischen 5 und 8 $^{1}/_{4}$ Linksdrehung)	Ballen	schnell
8	linker Fuß seitwärts	Front zeigt schräg zur Wand	Ballen	langsam

Ob diese Figur nun wiederholt oder eine andere getanzt werden soll, in jedem Fall muß der folgende Schritt (nach 8) außenseitlich der Dame angesetzt werden.

Damenschritt

Schritt	*Fußstellung*	*Richtung der Bewegung*	*Fußarbeit*	*Rhythmus*
1	linker Fuß rückwärts	schräg zur Wand, Körper nach rechts drehen	Ballen, flach	langsam
2	rechter Fuß seitwärts	Körper weiter nach rechts drehen	Ballen	schnell

Schritt-Diagramm vom Quickstep

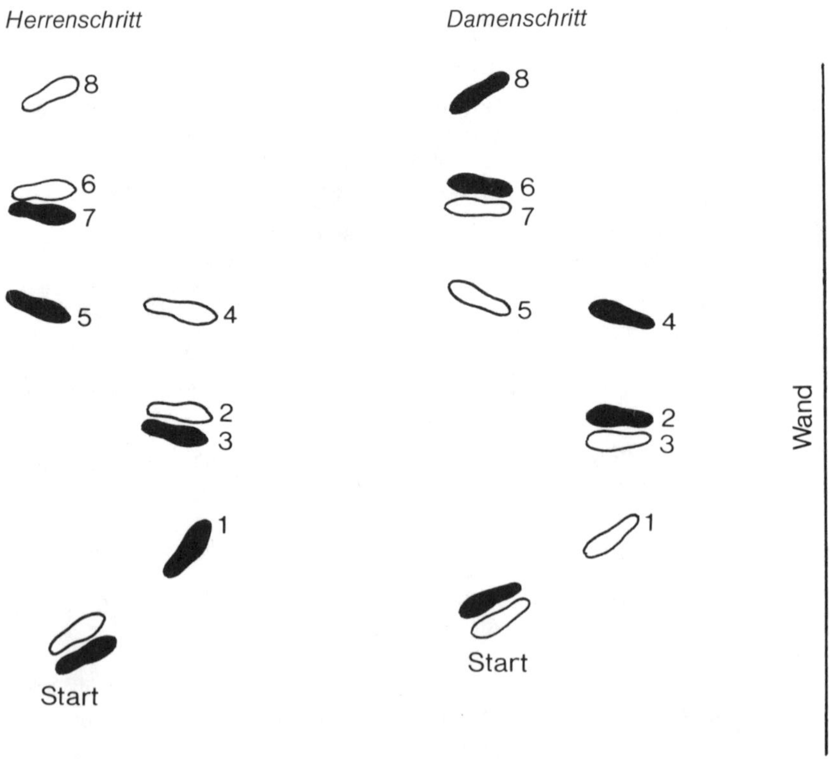

Schritt	*Fußstellung*	*Richtung der Bewegung*	*Fußarbeit*	*Rhythmus*
3	linker Fuß schließen	Front zeigt nun schräg zur Mitte (Zwischen 1 und 4 $^1/_4$ Rechtsdrehung)	Ballen	schnell
4	rechter Fuß seitwärts	Front zeigt schräg zur Mitte	Ballen	langsam
5	linker Fuß vorwärts	schräg zur Mitte, Körper nach links drehen	Ferse	langsam
6	rechter Fuß seitwärts	Körper weiter nach links drehen	Ballen	schnell

2. und 4. Schritt

3. Schritt

Vierteldrehung

Schritt	Fußstellung	Richtung der Bewegung	Fußarbeit	Rhythmus
7	linker Fuß schließen	Rücken zeigt nun schräg zur Wand (Zwischen 5 und 8 $^1/_4$ Linksdrehung)	Ballen	schnell
8	rechter Fuß seitwärts	Rücken zeigt schräg zur Wand	Ballen	langsam

Eine weitere beliebte Figur im Quickstep ist der Kreuzschritt (Lock-step). Damit haben Sie die Möglichkeit, sich mit einer längeren Vorwärts-Passage von der Stelle wegzubewegen.

Kreuzschritt (Lock-step)

Herrenschritt

Der Herr muß darauf achten, nach einer vorhergehenden Figur den ersten Schritt des Lock-step außenseitlich der Partnerin anzusetzen.

Schritt	Fußstellung	Richtung der Bewegung	Fußarbeit	Rhythmus
1	rechter Fuß vorwärts, außenseitlich Partnerin	schräg zur Wand	Ferse	langsam
2	linker Fuß vorwärts, mit Schulterführung links	schräg zur Wand	Ballen	schnell
3	rechter Fuß hinterkreuzen	schräg zur Wand	Ballen	schnell
4	linker Fuß vorwärts	schräg zur Wand	Ballen	langsam
5	rechter Fuß vorwärts, außenseitlich Partnerin	schräg zur Wand	Ferse	langsam

Damenschritt

Schritt	*Fußstellung*	*Richtung der Bewegung*	*Fußarbeit*	*Rhythmus*
1	linker Fuß rückwärts	schräg zur Wand	Ballen, flach	langsam
2	rechter Fuß rückwärts, mit Schulterführung rechts	schräg zur Wand	Ballen	schnell
3	linker Fuß vorkreuzen	schräg zur Wand	Ballen	schnell
4	rechter Fuß rückwärts	schräg zur Wand	Ballen	langsam
5	linker Fuß rückwärts	schräg zur Wand	Ballen, flach	langsam

1. und 5. Schritt

2. und 4. Schritt

3. Schritt

Kreuzschritt

Schritt-Diagramm vom Lock-step

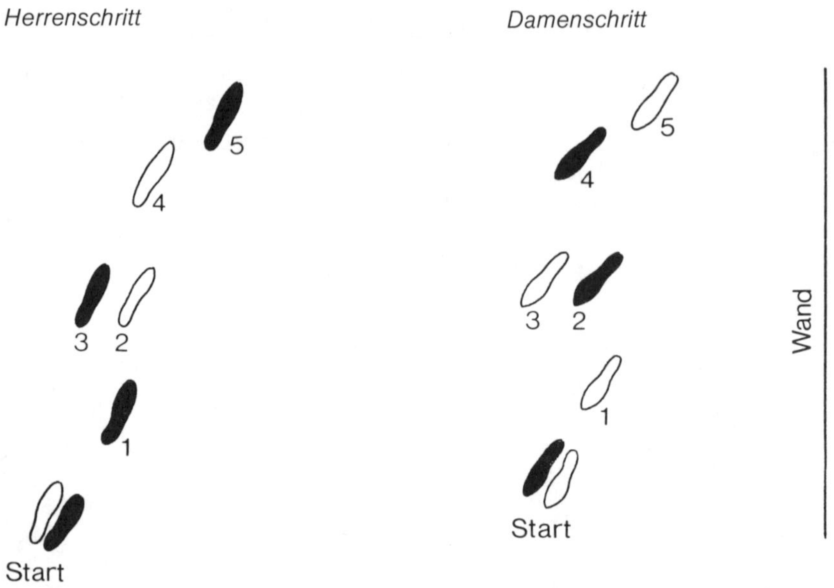

Unterdrehte Kreiseldrehung (Underturned Spin turn)

Eine unentbehrliche Figur vor einer Linksdrehung ist die unterdrehte Kreiseldrehung.

Herrenschritt

Schritt	*Fußstellung*	*Richtung der Bewegung*	*Fußarbeit*	*Rhythmus*
1	rechter Fuß vorwärts	schräg zur Wand, Körper beginnt nach rechts zu drehen	Ferse	langsam
2	linker Fuß seitwärts	Körper dreht weiter nach rechts	Ballen	schnell

Schritt	*Fußstellung*	*Richtung der Bewegung*	*Fußarbeit*	*Rhythmus*
3	rechter Fuß schließen	Rücken zeigt nun in Tanzrichtung (Zwischen 1 und 3 $^{3}/_{8}$ Rechtsdrehung)	Ballen	schnell
4	linker Fuß *klein* rückwärts	Körper dreht stark nach rechts, auf diesem Schritt $^{3}/_{8}$ Rechtsdrehung	Ballen, flach	langsam
5	rechter Fuß vorwärts	schräg zur Mitte, Körper dreht weiter nach rechts	Ferse	langsam
6	linker Fuß seitwärts	Rücken zeigt nun schräg zur Mitte gegen die Tanzrichtung (Zwischen 5 und 6 $^{1}/_{4}$ Rechtsdrehung)	Ballen	langsam

4. Schritt

5. Schritt

Unterdrehte Kreiseldrehung

Schritt	*Fußstellung*	*Richtung der Bewegung*	*Fußarbeit*	*Rhythmus*
7	rechter Fuß rückwärts	schräg zur Mitte gegen die Tanz-richtung, Körper beginnt nach links zu drehen	Ballen, flach	langsam
8	linker Fuß seitwärts klein	Front zeigt nun schräg zur Mitte (Zwischen 7 und 8 $^1/_4$ Linksdrehung)	Ballen	schnell
9	rechter Fuß schließen	Front schräg zur Mitte	Ballen	schnell

Damenschritt

Schritt	*Fußstellung*	*Richtung der Bewegung*	*Fußarbeit*	*Rhythmus*
1	linker Fuß rückwärts	schräg zur Wand, Körper beginnt nach rechts zu drehen	Ballen, flach	langsam
2	rechter Fuß seitwärts	Körper dreht weiter nach rechts	Ballen	schnell
3	linker Fuß schließen	Front zeigt nun in Tanzrichtung (Zwischen 1 und 3 $^3/_8$ Rechtsdrehung)	Ballen	schnell
4	rechter Fuß vorwärts	Körper dreht stark nach rechts, auf diesem Schritt $^3/_8$ Rechtsdrehung	Ferse	langsam
5	linker Fuß schräg rückwärts (gut um den Herrn setzen)	schräg zur Mitte, Körper dreht weiter nach rechts	Ballen	langsam

Schritt	*Fußstellung*	*Richtung der Bewegung*	*Fußarbeit*	*Rhythmus*
6	rechter Fuß schräg vorwärts zwischen die Füße des Herrn	Front zeigt nun schräg zur Mitte gegen die Tanzrichtung (Zwischen 5 und 6 $^1/_4$ Rechtsdrehung)	Ballen	langsam
7	linker Fuß vorwärts	schräg zur Mitte gegen die Tanzrichtung, Körper beginnt nach links zu drehen	Ferse	langsam
8	rechter Fuß seitwärts	Rücken zeigt nun schräg zur Mitte (Zwischen 7 und 8 $^3/_8$ Linksdrehung)	Ballen	schnell
9	linker Fuß schließen	Rücken schräg zur Mitte	Ballen	schnell

6. Schritt

7. Schritt

Unterdrehte Kreiseldrehung

Schritt-Diagramm vom Underturned Spin turn

Herrenschritt *Damenschritt*

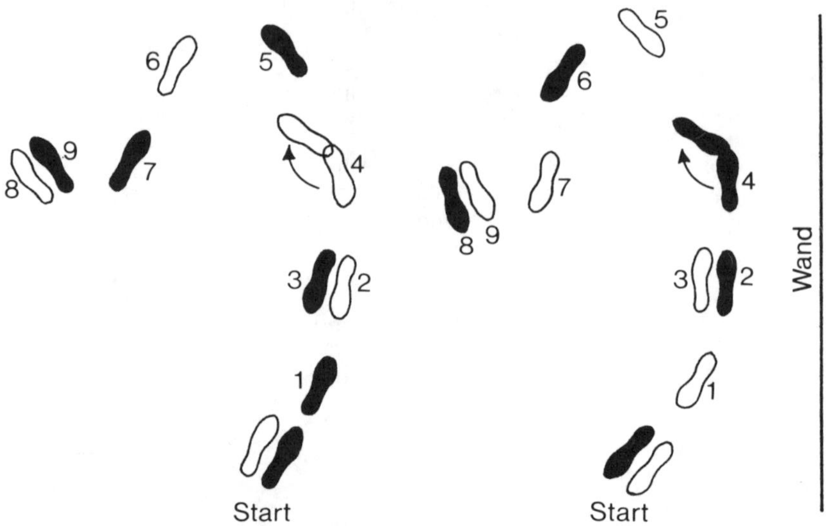

Neben Vierteldrehungen, Lock-step und unterdrehter Kreiseldrehung, die auch rechtsdrehend ist, will ich als Ausgleich nun noch eine Linksdrehung beschreiben – und zwar ist es die am häufigsten getanzte Chassé-Linksdrehung.

Chassé-Linksdrehung (Chasse Reverse turn)

Die Ausgangsposition für diese Linksdrehung ist Front schräg zur Mitte.

Herrenschritt

Schritt	*Fußstellung*	*Richtung der Bewegung*	*Fußarbeit*	*Rhythmus*
1	linker Fuß vorwärts	schräg zur Mitte, Körper beginnt nach links zu drehen	Ferse	langsam
2	rechter Fuß seitwärts	Körper dreht weiter nach links	Ballen	schnell

Schritt	*Fußstellung*	*Richtung der Bewegung*	*Fußarbeit*	*Rhythmus*
3	linker Fuß schließen	Rücken zeigt nun in Tanzrichtung (Zwischen 1 und 3 $^3/_8$ Linksdrehung)	Ballen	schnell
4	rechter Fuß rückwärts	Rücken in Tanzrichtung, Körper dreht nach links	Ballen, flach	langsam
5	linker Fuß seitwärts	Körper dreht weiter nach links	Ballen	schnell
6	rechter Fuß schließen	Front zeigt nun schräg zur Wand (Zwischen 4 und 6 $^3/_8$ Linksdrehung)	Ballen	schnell
7	linker Fuß seitwärts	Front schräg zur Wand	Ballen	langsam

Da diese Figur in einer offenen Fußposition endet, muß der Herr den folgenden Schritt jeweils außenseitlich der Partnerin ansetzen.

Damenschritt

Schritt	*Fußstellung*	*Richtung der Bewegung*	*Fußarbeit*	*Rhythmus*
1	rechter Fuß rückwärts	schräg zur Mitte, Körper beginnt nach links zu drehen	Ballen, flach	langsam
2	linker Fuß seitwärts	Körper dreht weiter nach links	Ballen	schnell
3	rechter Fuß schließen	Front zeigt nun in Tanzrichtung (Zwischen 1 und 3 $^3/_8$ Linksdrehung)	Ballen	schnell
4	linker Fuß vorwärts	Front in Tanzrichtung, Körper dreht nach links	Ferse	langsam

Schritt	*Fußstellung*	*Richtung der Bewegung*	*Fußarbeit*	*Rhythmus*
5	rechter Fuß seitwärts	Körper dreht weiter nach links	Ballen	schnell
6	linker Fuß schließen	Rücken zeigt nun schräg zur Wand (Zwischen 4 und 6 $^3/_8$ Linksdrehung)	Ballen	schnell
7	rechter Fuß seitwärts	Rücken schräg zur Wand	Ballen	langsam

Alle beschriebenen Figuren des Quickstep für Fortgeschrittene können Sie in der angegebenen Reihenfolge tanzen. Allerdings ist darauf zu achten, daß der letzte Schritt vom Lock-step der erste Schritt von der unterdrehten Kreiseldrehung sein soll und daß dieser Schritt in der Verbindung außenseitlich der Partnerin angesetzt werden muß. Nach der Chasse Reverse turn können Sie ebenfalls den Lock-step tanzen. Die Reihenfolge wäre demnach:

1. Vierteldrehungen
2. Lock-step
3. Unterdrehte Kreiseldrehung
4. Chassé-Linksdrehung
5. Lock-step.

Wie gesagt: Der letzte Schritt des Lock-step ist dann also gleichzeitig der erste Schritt der Vierteldrehungen und muß außenseitlich angesetzt werden.
Wenn Platzmangel herrscht, kann der Lock-step auch entfallen.

Schritt-Diagramm der Chasse Reverse turn

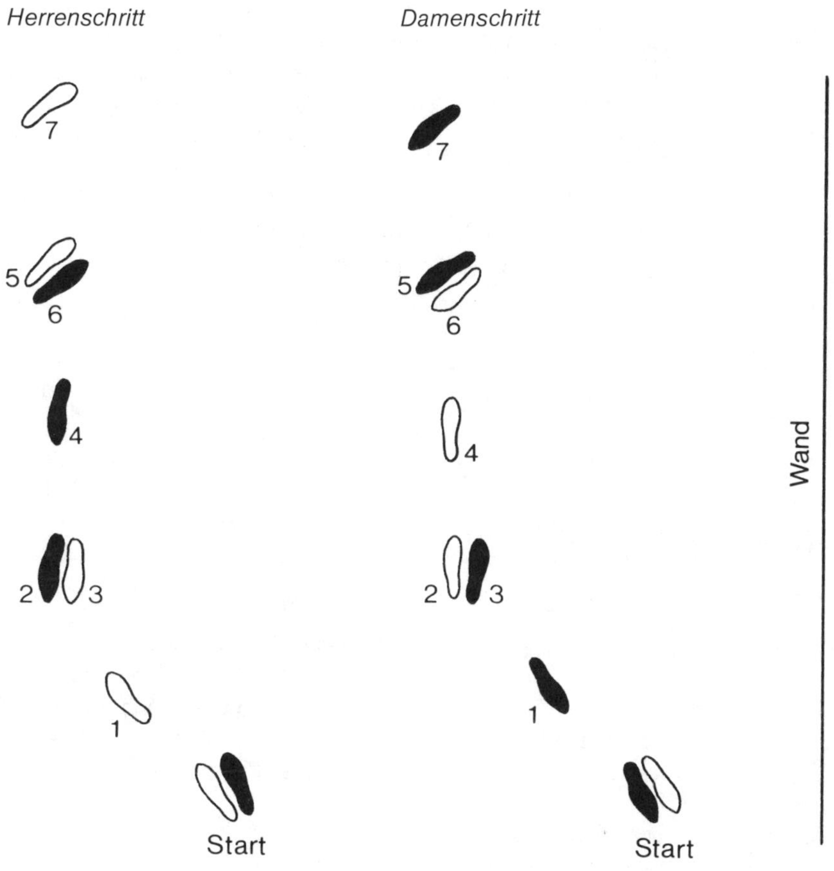

Der Langsame Walzer

Dieser Tanz wird von jung und alt gleichermaßen gern getanzt. Sie wissen bestimmt, daß er im $^3/_4$-Takt steht. Alle Schritte werden gleich schnell ausgeführt. Der Grundschritt besteht aus drei Schritten, nämlich aus dem Ansatzschritt, vorwärts oder rückwärts ausgeführt, aus einem schwingenden Seitschritt und aus dem Schließschritt. Der Langsame Walzer gehört zu den Rundtänzen. Bevor Sie jedoch mit den Drehungen beginnen, empfehle ich Ihnen, sich die Grundbegriffe dieses Tanzes mittels einer Vorübung anzueignen. Wir wollen als Vorübung zur Rechtsdrehung das Rechtscarré tanzen.

Rechtscarré

Herrenschritt	Taktteil		*Damenschritt*	Taktteil	
1 rechter Fuß vorwärts	Ferse	1	1 linker Fuß rückwärts	Ballen, flach	1
2 linker Fuß seitwärts	Ballen	2	2 rechter Fuß seitwärts	Ballen	2
3 rechter Fuß schließen	Ballen	3	3 linker Fuß schließen	Ballen	3
4 linker Fuß rückwärts	Ballen, flach	1	4 rechter Fuß vorwärts	Ferse	1
5 rechter Fuß seitwärts	Ballen	2	5 linker Fuß seitwärts	Ballen	2
6 linker Fuß schließen	Ballen	3	6 rechter Fuß schließen	Ballen	3

Wenn man diesen Schritt mit Musik tanzt, ist darauf zu achten, daß der erste Schritt auf den ersten Taktteil angesetzt wird. Sie hören es bestimmt sofort, denn der erste Taktteil wird vom Rhythmus am stärksten betont. Die Zählweise sollte dann sein:

für den Herrn: vor – seit – schließ, rück – seit – schließ usw.
für die Dame: rück – seit – schließ, vor – seit – schließ usw.

Wenn man den Wunsch hat, sich vom Platz fortzubewegen, setzt der Herr den 4. Schritt des Carrés vorwärts, die Dame rückwärts an.
Um den Rundtanzcharakter des Langsamen Walzers zu wahren, sollte man überwiegend »drehbare« Figuren tanzen. Deshalb soll nun die Rechtsdrehung beschrieben werden.

Rechtsdrehung

Herrenschritt

Schritt	*Fußstellung*	*Richtung der Bewegung*	*Fußarbeit*	*Rhythmus*
1	rechter Fuß vorwärts	in Tanzrichtung, Körper nach rechts drehen*	Ferse	1
2	linker Fuß seitwärts	Körper nach rechts drehen*	Ballen	2
3	rechter Fuß schließen	Rücken zeigt nun in Tanzrichtung* * (Zwischen 1 und 3 ½ Rechtsdrehung)	Ballen	3
4	linker Fuß schräg rückwärts	in Tanzrichtung, Körper nach rechts drehen*	Ballen, flach	1
5	rechter Fuß seitwärts	Körper nach rechts drehen*	Ballen	2
6	linker Fuß schließen	Front zeigt nun in Tanzrichtung* * (Zwischen 4 und 6 ½ Rechtsdrehung)	Ballen	3

Bei den ersten drei Schritten tanzt der Herr seine Außendrehung, deshalb muß er den ersten Teil der Drehung etwas weiträumiger tanzen.

Schrittdiagramm

Herrenschritt

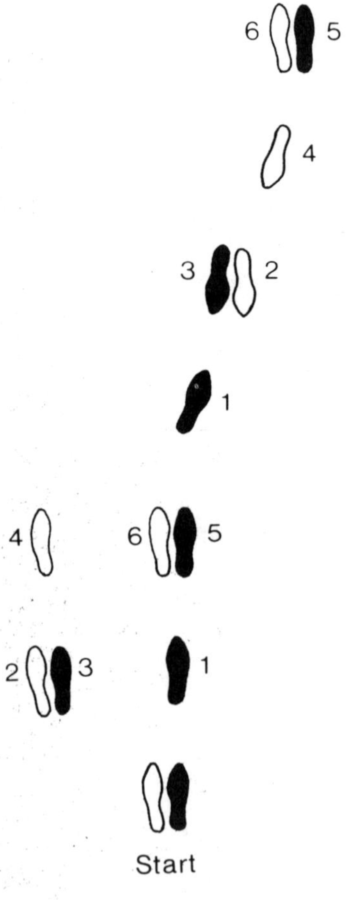

Damenschritt

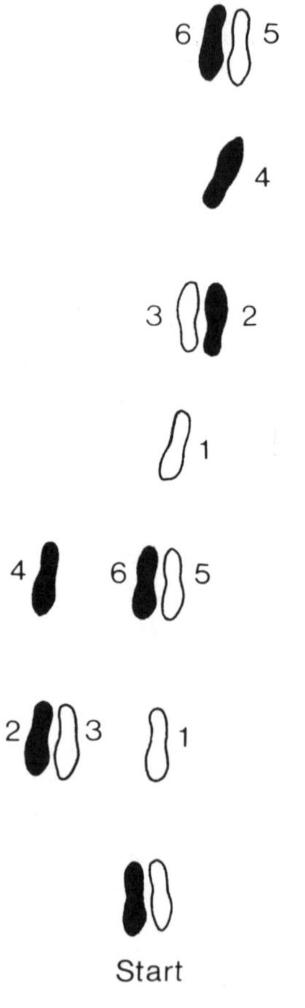

Damenschritt

Schritt	*Fußstellung*	*Richtung der Bewegung*	*Fußarbeit*	*Rhythmus*
1	linker Fuß schräg rückwärts	in Tanzrichtung, Körper nach rechts drehen*	Ballen, flach	1
2	rechter Fuß seitwärts	Körper nach rechts drehen*	Ballen	2
3	linker Fuß schließen	Front zeigt nun in Tanzrichtung* * (Zwischen 1 und 3 $^1/_2$ Rechtsdrehung)	Ballen	3
4	rechter Fuß vorwärts	in Tanzrichtung, Körper nach rechts drehen*	Ferse	1
5	linker Fuß seitwärts	Körper nach rechts drehen*	Ballen	2
6	rechter Fuß schließen	Rücken zeigt nun in Tanzrichtung* * (Zwischen 4 und 6 $^1/_2$ Rechtsdrehung)	Ballen	3

Die Dame tanzt den ersten Teil der Drehung, Schritte 1 bis 3, mit kleineren Schritten. Da sie im zweiten Teil um den Herrn tanzen muß, sollten hier die Schritte etwas größer gesetzt werden.

Eine fließende Bewegungsfolge ergeben:
Herr: 2 Walzerschritte vorwärts und die Rechtsdrehung,
Dame: 2 Walzerschritte rückwärts und die Rechtsdrehung.

Eine gut zu tanzende Variante ist der Out-side-change.

Außenseitlicher Wechsel (Out-side-change)

Man tanzt ihn nach 3 Schritten einer Rechtsdrehung, die mit Rücken schräg zur Mitte endet.

Herrenschritt

Schritt	*Fußstellung*	*Richtung der Bewegung*	*Fußarbeit*	*Rhythmus*
1	linker Fuß rückwärts	schräg zur Mitte	Ballen, flach	1
2	rechter Fuß rückwärts	schräg zur Mitte	Ballen	2
3	linker Fuß seitwärts	Front zeigt nun schräg zur Wand (Zwischen 2 und 3 $^1/_4$ Linksdrehung)	Ballen	3

Der folgende Schritt in eine Rechtsdrehung (6 Schritte) *muß* außenseitlich der Partnerin angesetzt werden, deshalb der Name: Out-side-change.

1. Schritt

2. Schritt

3. Schritt

Außenseitlicher Wechsel

Damenschritt

Schritt	*Fußstellung*	*Richtung der Bewegung*	*Fußarbeit*	*Rhythmus*
1	rechter Fuß vorwärts	schräg zur Mitte	Ferse	1
2	linker Fuß vorwärts	schräg zur Mitte	Ballen	2
3	rechter Fuß seitwärts	Rücken zeigt nun schräg zur Wand (Zwischen 2 und 3 $^1/_4$ Linksdrehung)	Ballen	3

Bei der dann folgenden Rechtsdrehung geht die Dame, ohne die Füße geschlossen zu haben, mit dem linken Fuß rückwärts (6 Schritte).

Schritt-Diagramm der Out-side-change

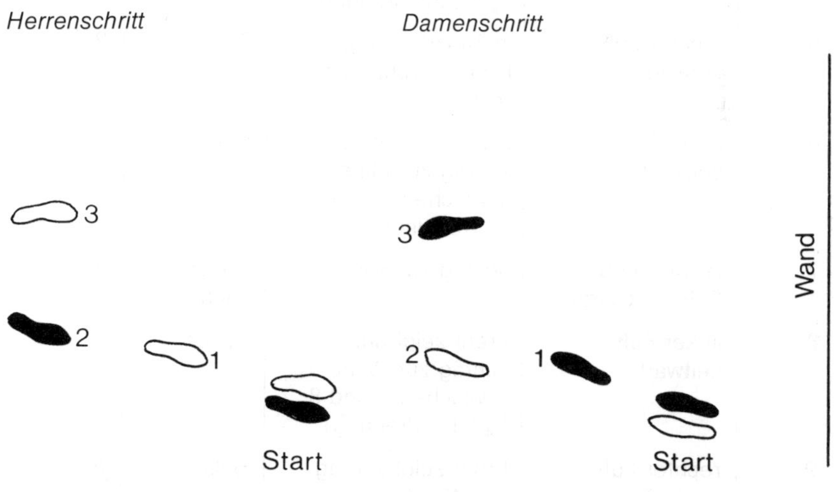

Eine schwungvolle Figur ist die Rechtskreiseldrehung (Spin turn).

Rechtskreiseldrehung (Spin turn)

Herrenschritt

Schritt	*Fußstellung*	*Richtung der Bewegung*	*Fußarbeit*	*Rhythmus*
1	rechter Fuß vorwärts	in Tanzrichtung, Körper dreht nach rechts	Ferse	1
2	linker Fuß seitwärts	Körper dreht weiter nach rechts	Ballen	2
3	rechter Fuß schließen	Rücken zeigt nun in Tanzrichtung (Zwischen 1 und 3 $^1/_2$ Rechtsdrehung)	Ballen	3
4	linker Fuß schräg rückwärts kleiner Schritt	Körper dreht stark nach rechts, auf diesem Schritt $^1/_2$ Rechtsdrehung	Ballen, flach	1
5	rechter Fuß vorwärts	in Tanzrichtung, Körper dreht nach rechts	Ferse	2
6	linker Fuß seitwärts	Rücken zeigt nun schräg zur Mitte (Zwischen 5 und 6 $^3/_8$ Rechtsdrehung)	Ballen	3
7	rechter Fuß Fuß rückwärts	schräg zur Mitte	Ballen, flach	1
8	linker Fuß seitwärts	Front zeigt nun schräg zur Wand (Zwischen 7 und 8 $^1/_4$ Linksdrehung)	Ballen	2
9	rechter Fuß schließen	Front zeigt schräg zur Wand	Ballen	3
10	linker Fuß vorwärts	schräg zur Wand, Körper dreht nach links	Ferse	1

Schritt	*Fußstellung*	*Richtung der Bewegung*	*Fußarbeit*	*Rhythmus*
11	rechter Fuß seitwärts	Körper dreht weiter nach links (Zwischen 10 und 11 $^1/_8$ Linksdrehung)	Ballen	2
12	linker Fuß schließen	Körper zeigt nun in Tanzrichtung	Ballen	3

Damenschritt

Schritt	*Fußstellung*	*Richtung der Bewegung*	*Fußarbeit*	*Rhythmus*
1	linker Fuß rückwärts	in Tanzrichtung, Körper dreht nach rechts	Ballen, flach	1
2	rechter Fuß seitwärts	Körper dreht weiter nach rechts	Ballen	2
3	linker Fuß schließen	Front zeigt nun in Tanzrichtung (Zwischen 1 und 3 $^1/_2$ Rechtsdrehung)	Ballen	3
4	rechter Fuß vorwärts	Körper dreht stark nach rechts, auf diesem Schritt $^1/_2$ Rechtsdrehung	Ferse	1
5	linker Fuß schräg rückwärts gut um den Herrn setzen	Rücken in Tanzrichtung, Körper dreht nach rechts	Ballen	2
6	rechter Fuß schräg vorwärts	Front zeigt nun schräg zur Mitte (Zwischen 5 und 6 $^3/_8$ Rechtsdrehung)	Ballen	3
7	linker Fuß vorwärts	schräg zur Mitte	Ferse	1

Schritt	*Fußstellung*	*Richtung der Bewegung*	*Fußarbeit*	*Rhythmus*
8	rechter Fuß seitwärts	Rücken zeigt nun schräg zur Wand, (Zwischen 7 und 8 $^1/_4$ Linksdrehung)	Ballen	2
9	linker Fuß schließen	Rücken zeigt schräg zur Wand	Ballen	3
10	rechter Fuß rückwärts	schräg zur Wand Körper dreht nach links	Ballen, flach	1
11	linker Fuß seitwärts	Körper dreht weiter nach links (Zwischen 10 und 11 $^1/_8$ Linksdrehung)	Ballen	2
12	rechter Fuß schließen	Rücken zeigt nun in Tanzrichtung	Ballen	3

4. Schritt

5. Schritt

7. Schritt

Rechtskreiseldrehung

Schritt-Diagramm der Spin turn

Herrenschritt

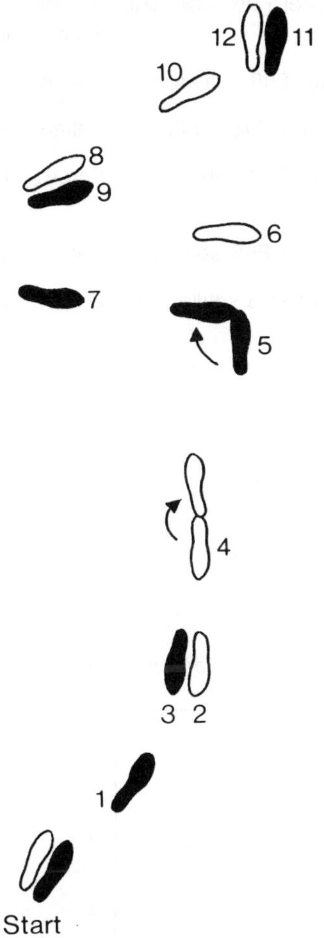

Damenschritt

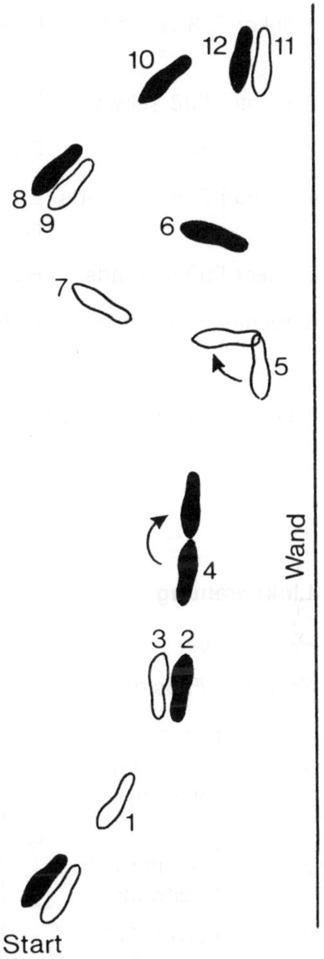

Auch diese Figur kann ständig wiederholt werden.
Soll die Rechtskreiseldrehung vor einer Linksdrehung getanzt werden, so wird sie in der gleichen Form unterdreht wie im Quickstep.

Die Vorbereitung für die Linksdrehung ist das Linkscarré.

Linkscarré

Herrenschritt	Taktteil		*Damenschritt*	Taktteil	
1 linker Fuß vorwärts	Ferse	1	1 rechter Fuß rückwärts	Ballen, flach	1
2 rechter Fuß seitwärts	Ballen	2	2 linker Fuß seitwärts	Ballen	2
3 linker Fuß schließen	Ballen	3	3 rechter Fuß schließen	Ballen	3
4 rechter Fuß rückwärts	Ballen, flach	1	4 linker Fuß vorwärts	Ferse	1
5 linker Fuß seitwärts	Ballen	2	5 rechter Fuß seitwärts	Ballen	2
6 rechter Fuß schließen	Ballen	3	6 linker Fuß schließen	Ballen	3

Hier gilt das gleiche wie beim Rechtscarré.

Linksdrehung

Herrenschritt

Schritt	*Fußstellung*	*Richtung der Bewegung*	*Fußarbeit*	*Rhythmus*
1	linker Fuß vorwärts	in Tanzrichtung, Körper nach links drehen*	Ferse	1
2	rechter Fuß seitwärts	Körper nach links drehen*	Ballen	2
3	linker Fuß schließen	Rücken zeigt nun in Tanzrichtung* * (Zwischen 1 und 3 $^1/_2$ Linksdrehung)	Ballen	3
4	rechter Fuß rückwärts	in Tanzrichtung, Körper nach links drehen*	Ballen, flach	1

Schritt	Fußstellung	Richtung der Bewegung	Fußarbeit	Rhythmus
5	linker Fuß seitwärts	Körper nach links drehen*	Ballen	2
6	rechter Fuß schließen	Front zeigt nun in Tanzrichtung* * (Zwischen 4 und 6 $^1/_2$ Linksdrehung)	Ballen	3

Damenschritt

Schritt	Fußstellung	Richtung der Bewegung	Fußarbeit	Rhythmus
1	rechter Fuß rückwärts	in Tanzrichtung, Körper nach links drehen*	Ballen, flach	1
2	linker Fuß seitwärts	Körper nach links drehen*	Ballen	2

1. Schritt

4. Schritt

Linksdrehung

Schritt	*Fußstellung*	*Richtung der Bewegung*	*Fußarbeit*	*Rhythmus*
3	rechter Fuß schließen	Front zeigt nun in Tanzrichtung* * (Zwischen 1 und 3 $^1/_2$ Linksdrehung)	Ballen	3
4	linker Fuß vorwärts	in Tanzrichtung, Körper nach links drehen*	Ferse	1
5	rechter Fuß seitwärts	Körper nach links drehen*	Ballen	2
6	linker Fuß schließen	Rücken zeigt nun in Tanzrichtung* * (Zwischen 4 und 6 $^1/_2$ Linksdrehung)	Ballen	3

Schritt-Diagramm der Linksdrehung

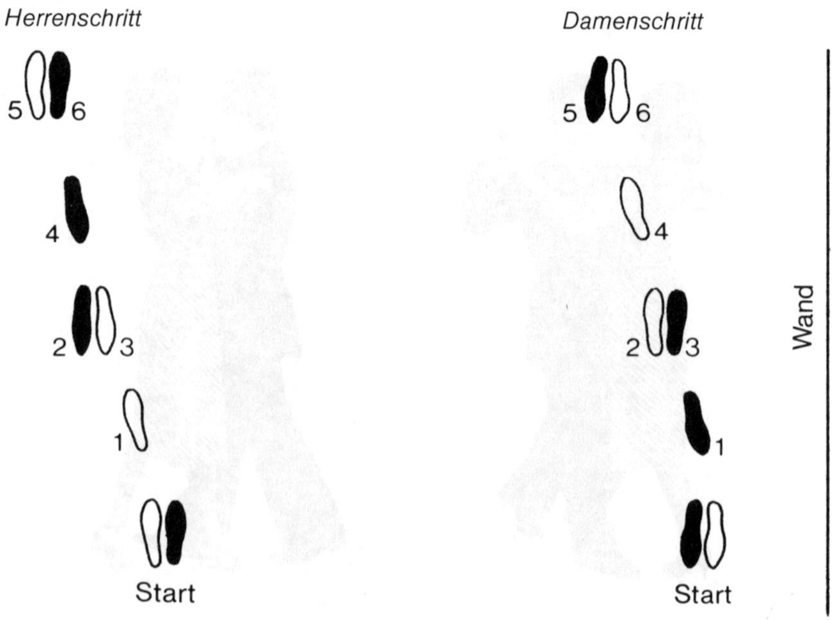

Um die Linksdrehung mit der Rechtsdrehung verbinden zu können, benötigen wir noch einen Übergangsschritt. Nach dem letzten Schritt der Linksdrehung tanzt der Herr einen Walzerschritt mit linkem Fuß vorwärts (links vor – rechts seit – links Schluß). Die Dame führt entgegengesetzt, also rückwärts, aus.

Eine Schrittfolge aus den hier beschriebenen Figuren würde also folgendermaßen aussehen:

1. 3 Schritte einer Rechtsdrehung unterdreht tanzen, so daß der Rücken am Ende schräg zur Mitte zeigt.
2. Danach Out-side-change.
   Die folgende Rechtsdrehung außenseitlich der Partnerin schräg zur Wand tanzen.
3. Unterdrehte Kreiseldrehung. Diese Figur ist bei Quickstep beschrieben. Sie kann genauso in den Langsamen Walzer übernommen werden. Man achte nur darauf, daß wir hier einen $^3/_4$-Takt haben und sich natürlich deshalb der Rhythmus ändert.
4. Linksdrehung mit abschließendem Übergangsschritt mit linkem Fuß. Man endet mit der Front in Tanzrichtung und kann nun diese Folge ständig wiederholen.

Der Wiener Walzer

Vielfach wird behauptet, der Wiener Walzer sei nicht mehr *up to date.* Man würde ihn nicht mehr gern tanzen. Diese Ansicht können wir nicht ganz teilen, obwohl nicht zu leugnen ist, daß der Wiener Walzer viel von seiner früheren Popularität verloren hat. Er hat aber immer noch seine Anhängerschar.
Sie werden jetzt vielleicht sagen: Aber warum so viele Worte, Wiener Walzer kann man doch! Bitte, denken Sie doch einmal an die Damen und Herren, die noch nie das Tanzbein geschwungen haben. Außerdem gestatten Sie mir bitte die Frage: Wird der Wiener Walzer denn wirklich immer korrekt getanzt? Ich glaube, daß es wohl besser ist, auch diesen Tanz hier mit einzubeziehen.
Wie Sie wissen, tanzt man im Wiener Walzer Rechts- und Linksdrehung, die jeweils mit Übergangsschritten miteinander verbunden werden.
Die Rechtsdrehung brauchen wir hier wohl nicht zu beschreiben, weil sie der Rechtsdrehung des Langsamen Walzers gleicht, die bereits erklärt wurde. Wenn Sie also die Drehung im Langsamen Walzer beherrschen, so können Sie sie auch im Wiener Walzer tanzen – allerdings doppelt so schnell. Es ist leichter, wenn man den Wiener Walzer auf Grund seines Tempos mit sehr kleinen Schritten tanzt. Achten Sie aber bitte darauf, daß Sie bei jedem Takt in der Musik $^1/_2$ Drehung tanzen. Der Partner, der den Vorwärtsteil eine Drehung tanzt, gibt den Schwung, also: der Herr, die Dame, immer abwechselnd. Die Übergangsschritte von der Rechtsdrehung zur Linksdrehung und umgekehrt sind die gleichen wie beim Langsamen Walzer. Die Linksdrehung ist beim Wiener Walzer etwas anders in der Fußstellung. Deshalb will ich sie hier beschreiben.

Linksdrehung

Herrenschritt

Schritt	*Fußstellung*	*Richtung der Bewegung*	*Fußarbeit*	*Rhythmus*
1	linker Fuß vorwärts	in Tanzrichtung, Körper nach links drehen*	Ferse	1

Schritt	*Fußstellung*	*Richtung der Bewegung*	*Fußarbeit*	*Rhythmus*
2	rechter Fuß seitwärts	Körper nach links drehen*	Ballen	2
3	linker Fuß kreuzt vor rechtem Fuß	Rücken zeigt nun in Tanzrichtung* * (Zwischen 1 und 3 $^1/_2$ Linksdrehung)	Ballen	3
4	rechter Fuß rückwärts	in Tanzrichtung, Körper nach links drehen*	Ballen, flach	1
5	linker Fuß seitwärts	Körper nach links drehen*	Ballen	2
6	rechter Fuß schließen	Front zeigt nun in Tanzrichtung* * (Zwischen 4 und 6 $^1/_2$ Linksdrehung)	Ballen	3

1. Schritt

2. Schritt

3. Schritt

Linksdrehung

Damenschritt

Schritt	*Fußstellung*	*Richtung der Bewegung*	*Fußarbeit*	*Rhythmus*
1	rechter Fuß rückwärts	in Tanzrichtung, Körper nach links drehen*	Ballen, flach	1
2	linker Fuß seitwärts	Körper nach links drehen*	Ballen	2
3	rechter Fuß schließen	Front zeigt nun in Tanzrichtung* * (Zwischen 1 und 3 ½ Linksdrehung)	Ballen	3
4	linker Fuß vorwärts	in Tanzrichtung, Körper nach links drehen*	Ferse	1

Schritt-Diagramm der Linksdrehung

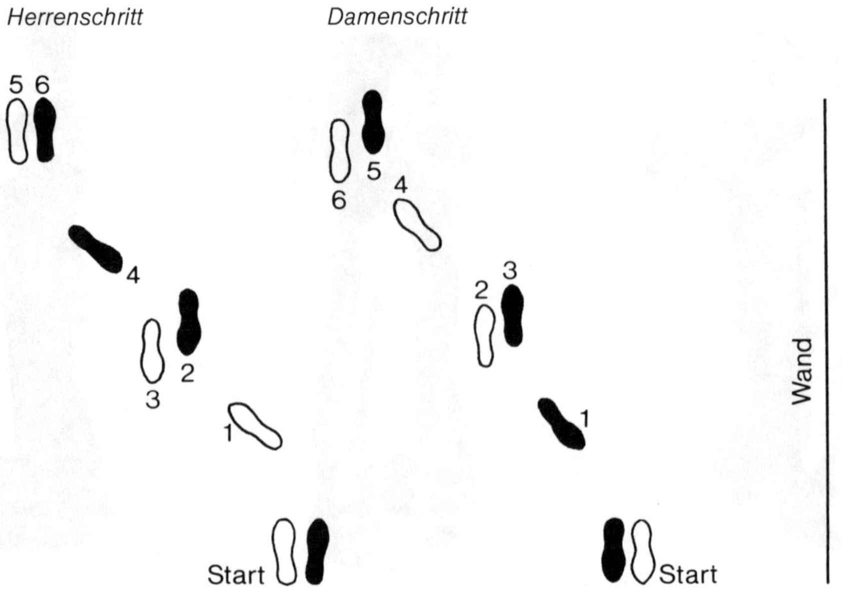

Schritt	*Fußstellung*	*Richtung der Bewegung*	*Fußarbeit*	*Rhythmus*
5	rechter Fuß seitwärts	Körper weiter nach links drehen*	Ballen	2
6	linker Fuß kreuzt vor rechtem Fuß	Rücken zeigt nun in Tanzrichtung* * (Zwischen 4 und 6 $^1/_2$ Linksdrehung)	Ballen	3

Da die Rechtsdrehung leichter zu tanzen ist als die Linksdrehung, empfehle ich Ihnen, sich erst einmal mit der Rechtsdrehung vertraut zu machen. Erst wenn Sie diese Drehung sicher beherrschen, sollten Sie sich mit der Linksdrehung beschäftigen.

Es bleibt Ihnen überlassen, wieviel Rechtsdrehungen Sie tanzen, ehe Sie in die Linksdrehung übergehen. Das gleiche gilt, wenn Sie mit der Linksdrehung beginnen.

4. Schritt

5. Schritt

6. Schritt

Linksdrehung

Der Tango

Obwohl der Tango von der Musik her eher zum lateinamerikanischen Stil gehört, hat man ihn wegen der Standardisierung seiner Grundfiguren in die Standardtänze eingereiht. Er ist ein sehr rhythmischer Tanz. Seine Schritte und Figuren sollen der Musik angepaßt sein. Im Gegensatz zu den drei vorausgegangenen Tänzen, den Bewegungstänzen, soll man im Tango die Schritte mehr staccato, das heißt abgehackt, setzen. Die Füße sollten dabei nicht über den Boden gleiten. Jeder Schritt wird gesetzt.

Die Haltung

Ich erwähnte bereits, daß der Tango seine eigene Tanzhaltung hat. Der Herr faßt mit seiner rechten Hand etwas weiter um die Taille der Dame. Die Dame legt ihre linke Hand um den rechten Oberarm des Herrn. Die Hand sollte dabei waagerecht stehen. Die gefaßten Hände – linke Hand vom Herrn, rechte Hand von der Dame – werden in Kinnhöhe gehalten. Die Unterarme zeigen etwas nach innen.

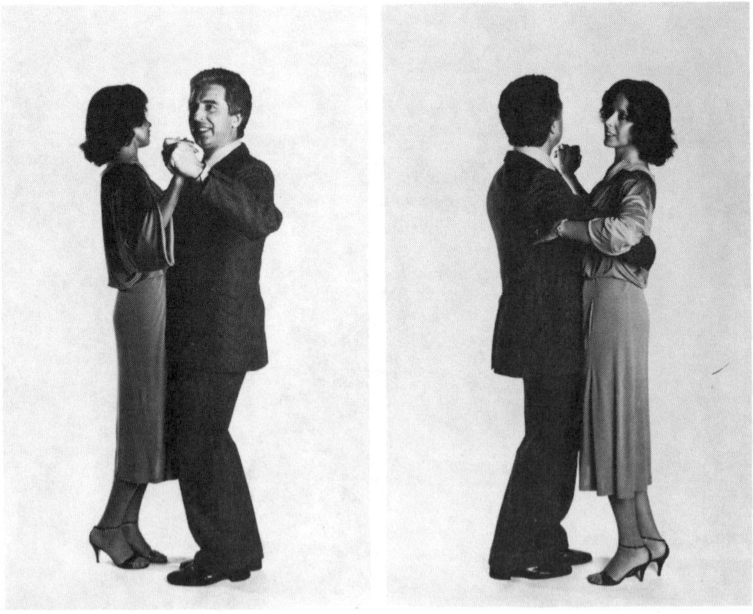

Korrekte Haltung

Auch steht die Dame im Tango etwas mehr auf der rechten Seite des Herrn. Die Knie sind bei beiden Partnern ein wenig gebeugt. Nie sollten Sie aber die Schritte mit gebeugten Knien ansetzen. Der Herr führt hier die Dame mehr mit der rechten Hüftseite. Nachfolgend die erste Figur:

2 Gehschritte – Kette – Promenade

Herrenschritt

Schritt	*Fußstellung*	*Richtung der Bewegung*	*Fußarbeit*	*Rhythmus*
1	linker Fuß vorwärts	schräg zur Wand	Ferse	langsam
2	rechter Fuß vorwärts	schräg zur Wand	Ferse	langsam
3	linker Fuß vorwärts	schräg zur Wand	Ferse	schnell
4	rechter Fuß schließen, Dame in Promenadenstellung führen	Front zeigt schräg zur Wand	flach	schnell
5	linker Fuß seitwärts	schräg zur Mitte	Ferse	langsam
6	rechter Fuß vorwärts über den linken Fuß kreuzen	schräg zur Mitte	Ferse	schnell
7	linker Fuß seitwärts, Dame in Gegenüberstellung führen	schräg zur Mitte	flach	schnell
8	rechter Fuß schließen	Front zeigt schräg zur Wand	flach	langsam

Damenschritt

Schritt	*Fußstellung*	*Richtung der Bewegung*	*Fußarbeit*	*Rhythmus*
1	rechter Fuß rückwärts	schräg zur Wand	Ballen, flach	langsam
2	linker Fuß rückwärts	schräg zur Wand	Ballen, flach	langsam
3	rechter Fuß rückwärts	schräg zur Wand*	Ballen, flach	schnell
4	linker Fuß schließen, in Promenadenstellung drehen	Front zeigt nun schräg zur Mitte* * (Zwischen 3 und 4 1/4 Rechtsdrehung)	flach	schnell
5	rechter Fuß vorwärts	schräg zur Mitte	Ferse	langsam
6	linker Fuß vorwärts	schräg zur Mitte*	Ferse	schnell

5. Schritt

6. Schritt

Promenade

Schritt	*Fußstellung*	*Richtung der Bewegung*	*Fußarbeit*	*Rhythmus*
7	rechten Fuß seitwärts in Gegenüber-stellung drehen	schräg zur Mitte* * (Zwischen 6 und 7 $^1/_4$ Linksdrehung)	flach	schnell
8	linker Fuß schließen	Rücken zeigt nun schräg zur Wand	flach	langsam

Schritt-Diagramm der 2 Gehschritte – Kette – Promenade

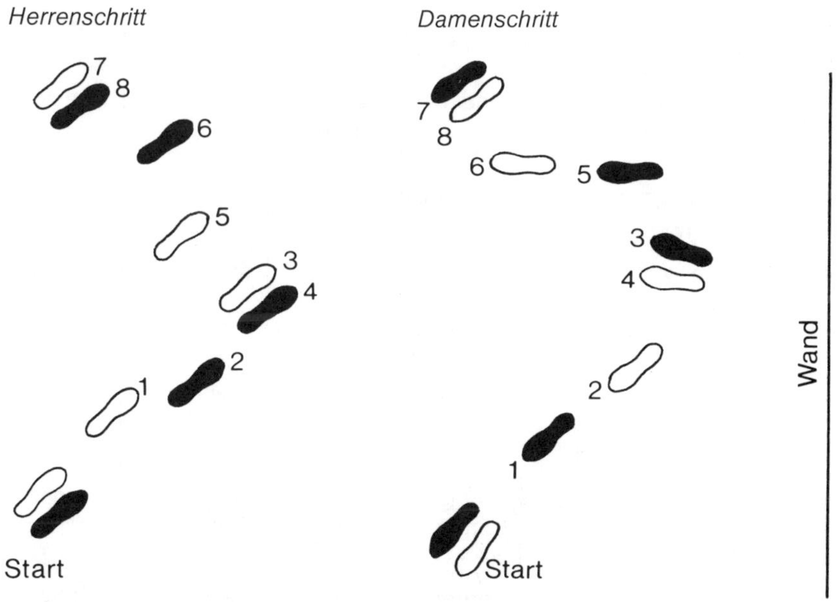

Jede der von mir beschriebenen Figuren beginnt mit 2 Gehschritten, die »langsam« getanzt werden. Die weiteren Bewegungen erfolgen dann im Grundrhythmus des Tangos: schnell–schnell–langsam, schnell–schnell–langsam. Dabei wird das erste »schnell« betont. Von obenstehender Figur wird also der 3. und 6. Schritt rhythmisch betont getanzt.

Damit Sie auch für den Tango eine gewisse Abwechslung haben, will ich Sie noch mit einer zweiten Figur bekanntmachen, die für diesen Tanz sehr charakteristisch ist.

2 Gehschritte – Wiegeschritt – Abschlußschritt

Herrenschritt

Schritt	*Fußstellung*	*Richtung der Bewegung*	*Fußarbeit*	*Rhythmus*
1	linker Fuß vorwärts	schräg zur Wand	Ferse	langsam
2	rechter Fuß vorwärts	schräg zur Wand Körper leicht nach rechts drehen*	Ferse	langsam
3	linker Fuß seitwärts	Front zeigt nun zur Wand*	flach	schnell
4	Gewicht übertragen auf rechten Fuß	Körper leicht nach rechts drehen* * (Zwischen 2 und 4 $^1/_4$ Rechtsdrehung)	flach	schnell
5	linker Fuß rückwärts kleiner Schritt	schräg zur Mitte	Ballen, flach	langsam
6	rechter Fuß rückwärts	schräg zur Mitte Körper leicht nach links drehen*	Ballen, flach	schnell
7	linker Fuß seitwärts	Körper nach links drehen*	flach	schnell
8	rechter Fuß schließen	Front zeigt nun schräg zur Wand* * (Zwischen 6 und 8 $^1/_4$ Linksdrehung)	flach	langsam

Damenschritt

Schritt	*Fußstellung*	*Richtung der Bewegung*	*Fußarbeit*	*Rhythmus*
1	rechter Fuß rückwärts	schräg zur Wand	Ballen, flach	langsam
2	linker Fuß rückwärts	schräg zur Wand Körper leicht nach rechts drehen	Ballen, flach	langsam
3	rechter Fuß schräg vorwärts, zwischen die Füße des Herrn, kleiner Schritt	Rücken zeigt nun zur Wand	Ferse	schnell
4	Gewicht übertragen auf linken Fuß	Körper leicht nach rechts drehen (Zwischen 2 und 4 $^{1}/_{4}$ Rechtsdrehung)	flach	schnell

Schritt-Diagramm der 2 Gehschritte – Wiegeschritt – Abschlußschritt

Herrenschritt *Damenschritt*

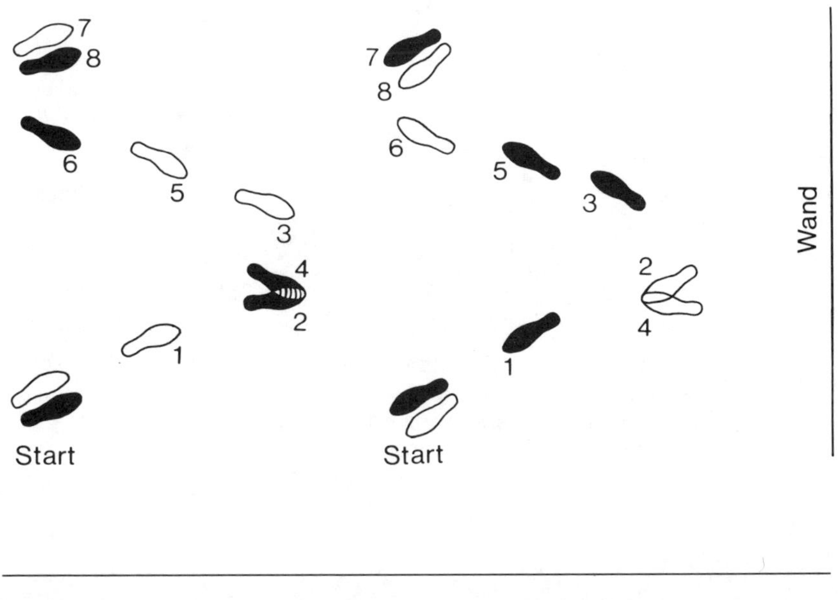

Schritt	*Fußstellung*	*Richtung der Bewegung*	*Fußarbeit*	*Rhythmus*
5	rechter Fuß vorwärts	schräg zur Mitte	Ferse	langsam
6	linker Fuß vorwärts	schräg zur Mitte Körper leicht nach links drehen	Ferse	schnell
7	rechter Fuß seitwärts	Körper nach links drehen (Zwischen 6 und 7 $^1/_4$ Linksdrehung)	flach	schnell
8	linker Fuß schließen	Rücken zeigt nun schräg zur Wand	flach	langsam

Bitte üben Sie auch hier jede Figur einzeln. Erst wenn Sie jede für sich beherrschen, sollten Sie sie als Schrittverbindungen üben.
Dann wäre die ständig zu wiederholende Folge: 2 Gehschritte – Kette – Promenade – 2 Gehschritte – Wiegeschritt – Abschlußschritt.

Außenseitliche Linksdrehung (Open Reverse turn, Lady out-side)

Noch mehr Abwechslung erhält der Tango durch die fortgeschrittenen Figuren. Nachdem Sie Promenade und Wiegeschritt beherrschen, sollten Sie sich mit der außenseitlichen Linksdrehung beschäftigen.
Wie alle Linksdrehungen beginnt der Herr auch hier Front schräg zur Mitte.

Herrenschritt

Schritt	*Fußstellung*	*Richtung der Bewegung*	*Fußarbeit*	*Rhythmus*
1	linker Fuß vorwärts	schräg zur Mitte, Körper dreht nach links	Ferse	schnell
2	rechter Fuß seitwärts	Rücken zeigt schräg zur Wand	Ballen	schnell
3	linker Fuß rückwärts (Dame außenseitlich führen)	Rücken zeigt schräg zur Wand (Zwischen 1 und 3 $^1/_4$ Linksdrehung)	Ballen, flach	langsam

Schritt	*Fußstellung*	*Richtung der Bewegung*	*Fußarbeit*	*Rhythmus*
4	rechter Fuß rückwärts	in Tanzrichtung	Ballen, flach	schnell
5	linker Fuß seitwärts	Front zeigt schräg zur Wand	flach	schnell
6	rechter Fuß schließen	Front zeigt schräg zur Wand (Zwischen 4 und 6 $^1/_2$ Linksdrehung)	flach	langsam

Als Einleitung werden von dieser Linksdrehung zweckmäßig zwei Gehschritte im langsamen Rhythmus mit LF und RF getanzt. Wenn man nach der vorhergehenden Figur mit der Front schräg zur Wand steht, tanzt man die Gehschritte vor der Linksdrehung nach links gekurvt, um sich so in eine gute Ausgangsposition zur außenseitlichen Linksdrehung zu bringen. Die Dame tanzt entsprechend rückwärts.

1. Schritt

3. Schritt

Außenseitliche Linksdrehung

Diagramm der Open Reverse turn, Lady out-side

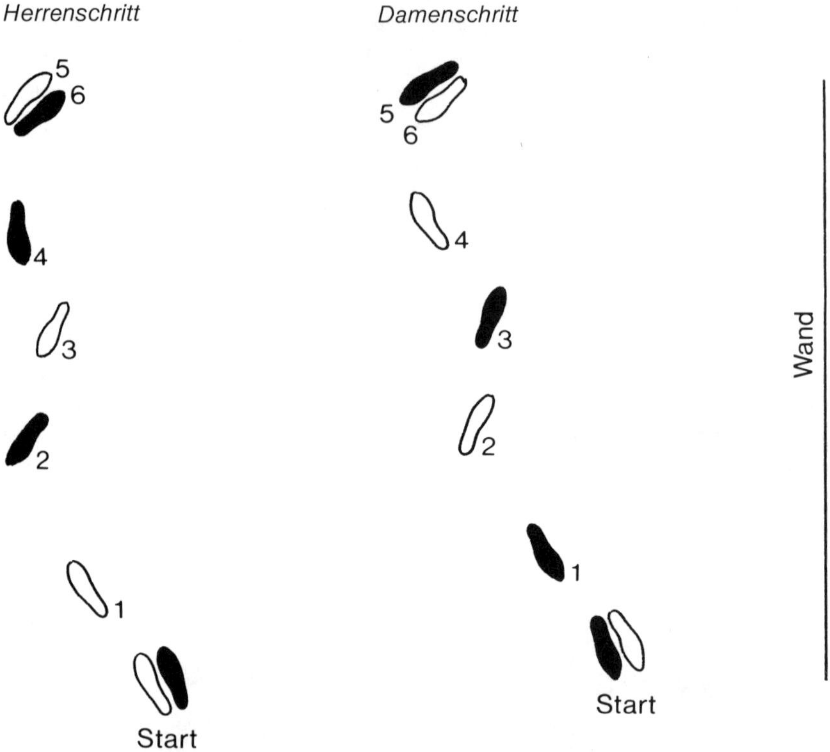

Damenschritt

Schritt	*Fußstellung*	*Richtung der Bewegung*	*Fußarbeit*	*Rhythmus*
1	rechter Fuß rückwärts	schräg zur Mitte, Körper dreht nach links	Ballen, flach	schnell
2	linker Fuß seitwärts	Front zeigt schräg zur Wand	flach	schnell

Schritt	Fußstellung	Richtung der Bewegung	Fußarbeit	Rhythmus
3	rechter Fuß vorwärts, außenseitlich Partner	Front zeigt schräg zur Wand, Bewegung geht entlang der Tanzrichtung (Zwischen 1 und 3 $^1/_4$ Linksdrehung)	Ferse	langsam
4	linker Fuß vorwärts	in Tanzrichtung	Ferse	schnell
5	rechter Fuß seitwärts	Rücken zeigt schräg zur Wand	flach	schnell
6	linker Fuß schließen	Rücken zeigt schräg zur Wand (Zwischen 4 und 6 $^1/_2$ Linksdrehung)	flach	langsam

Promenaden-Rechtsdrehung (Promenade turn with rock turn)

Eine weitere beliebte Figur im Tango ist die Promenaden-Rechtsdrehung, die den Ausgleich zur außenseitlichen Linksdrehung bildet. Sie ist eine Kombination von Promenade und Wiegeschritt, bei der zwischendurch eine starke Rechtsdrehung ausgeführt wird.

Herrenschritt

Schritt	Fußstellung	Richtung der Bewegung	Fußarbeit	Rhythmus
1, 2	2 Gehschritte	linker Fuß, rechter Fuß (vorwärts)		langsam langsam
3	linker Fuß vorwärts	schräg zur Wand	Ferse	schnell
4	rechter Fuß schließen, Dame in Promenadenstellung führen	Front zeigt schräg zur Wand	flach	schnell
5	linker Fuß seitwärts	entlang der Tanzrichtung	Ferse	langsam

Schritt	*Fußstellung*	*Richtung der Bewegung*	*Fußarbeit*	*Rhythmus*
6	rechter Fuß vorwärts	schräg zur Wand, Körper dreht nach rechts	Ferse	schnell
7	linker Fuß schräg rückwärts, kleinen Schritt	Körper dreht stark nach rechts	Ballen, flach	schnell
8	rechter Fuß vorwärts, zwischen die Füße der Dame	in Tanzrichtung	Ferse	langsam
9	linker Fuß seitwärts, um die Dame setzen	Rücken zeigt nun schräg zur Mitte	Ballen, flach	schnell
10	rechter Fuß vorwärts belasten	schräg zur Wand gegen die Tanzrichtung	Ballen, flach	schnell

5. Schritt

6. Schritt

Promenaden-Rechtsdrehung

Schritt	*Fußstellung*	*Richtung der Bewegung*	*Fußarbeit*	*Rhythmus*
11	linker Fuß rückwärts, kleiner Schritt	schräg zur Mitte	Ballen, flach	langsam
12	rechter Fuß rückwärts	zur Mitte	Ballen, flach	schnell
13	linker Fuß seitwärts	Front zeigt nun schräg zur Wand	flach	schnell
14	rechter Fuß schließen	Front zeigt schräg zur Wand	flach	langsam

Vom 6. bis zum 11. Schritt sind $1\frac{1}{4}$ Rechtsdrehungen zu tanzen. Zwischen 12 + 14 jeweils $\frac{1}{4}$ Linksdrehung.

7. Schritt

8. Schritt

9. Schritt

Promenaden-Rechtsdrehung

Schritt-Diagramm der Promenade turn with rock turn

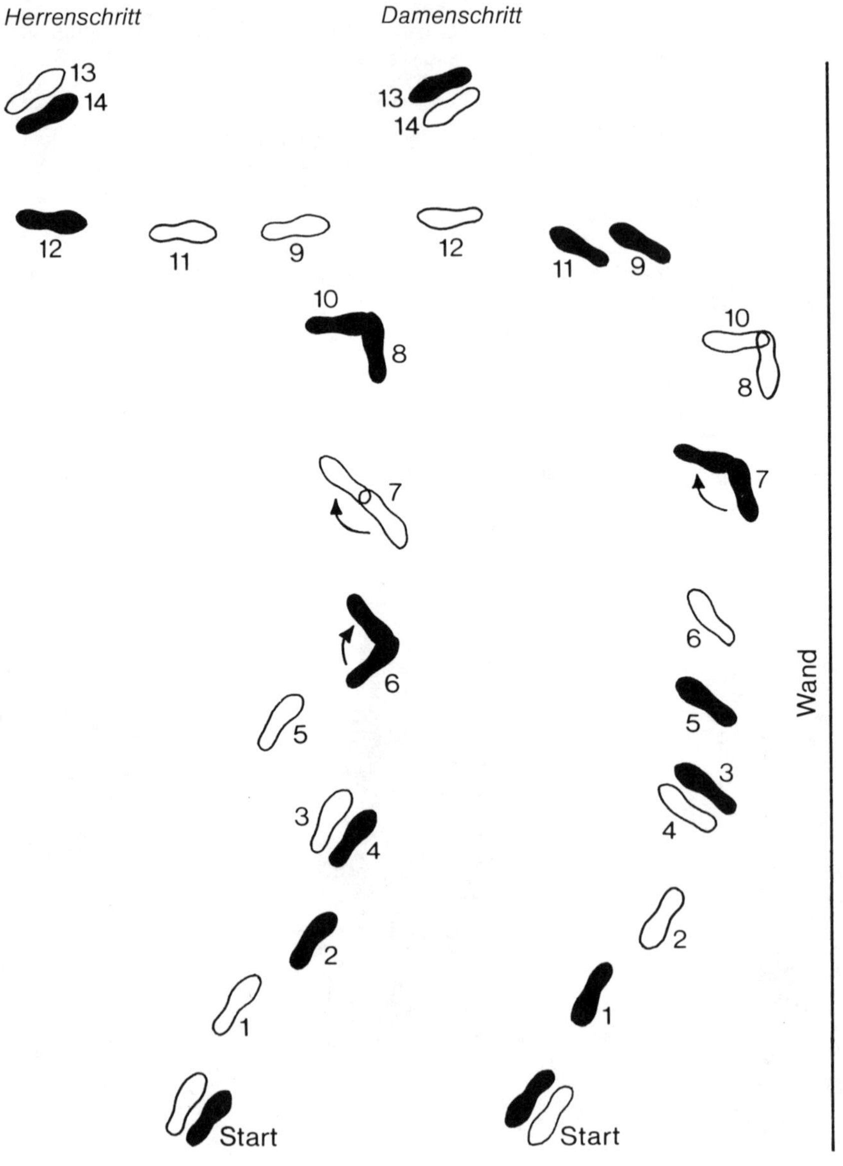

Damenschritt

Schritt	*Fußstellung*	*Richtung der Bewegung*	*Fußarbeit*	*Rhythmus*
1, 2	2 Gehschritte	rechter Fuß, linker Fuß (rückwärts)		langsam langsam
3	rechter Fuß rückwärts	schräg zur Wand	Ballen, flach	schnell
4	linker Fuß schließen, dabei in Promenadenstellung drehen	Front zeigt nun schräg zur Mitte	flach	schnell
5	rechter Fuß vorwärts	entlang der Tanzrichtung	Ferse	langsam
6	linker Fuß vorwärts und über den rechten kreuzen	schräg zur Wand, Körper dreht nach rechts	Ferse	schnell
7	rechter Fuß vorwärts, zwischen die Füße des Herrn	in Tanzrichtung auf diesem Schritt stark nach rechts drehen	Ferse	schnell
8	linker Fuß schräg rückwärts gut um den Herrn setzen	Rücken in Tanzrichtung	Ballen, flach	langsam
9	rechter Fuß vorwärts, zwischen die Füße des Herrn setzen	Front zeigt nun schräg zur Mitte	Ferse	schnell
10	linker Fuß schräg rückwärts belasten	schräg zur Wand gegen die Tanzrichtung	Ballen, flach	schnell
11	rechter Fuß vorwärts, kleiner Schritt	schräg zur Mitte	Ferse	langsam
12	linker Fuß vorwärts	zur Mitte	Ferse	schnell

Schritt	*Fußstellung*	*Richtung der Bewegung*	*Fußarbeit*	*Rhythmus*
13	rechter Fuß seitwärts	Rücken zeigt nun schräg zur Wand	flach	schnell
14	linker Fuß schließen	Rücken zeigt schräg zur Wand	flach	langsam

Die Dame tanzt von Schritt 3 bis Schritt 11 $1^1/_4$ Rechtsdrehung, von Schritt 12 bis 14 $^1/_4$ Linksdrehung.
Wer einen kontrastreichen Tango tanzen möchte, dem empfehle ich, alle Figuren in der beschriebenen Reihenfolge nacheinander zu tanzen:

1. 2 Gehschritte – Kette – Promenade
2. 2 Gehschritte – Wiegeschritt – Abschlußschritt
3. 2 Gehschritte – außenseitliche Linksdrehung
4. 2 Gehschritte – Promenaden-Rechtsdrehung mit Wiegeschrittabschluß.

Die ersten drei Figuren haben allesamt den gleichen Rhythmus, die vierte Figur hat zweimal schnell – schnell – langsam mehr als die vorhergehenden. Selbstverständlich kann auch jede Figur beliebig oft hintereinander getanzt werden. Der Tango bietet jede Variationsmöglichkeit.

Die latein- und nordamerikanischen Tänze

Im heutigen Repertoire des Gesellschaftstanzes nehmen die latein- und nordamerikanischen Tänze den breitesten Raum ein. Ich werde oft gefragt, worauf diese Entwicklung zurückzuführen sei. Ich meine, daß sich der Einfluß aus Übersee, bedingt durch Schallplattenimporte und Gastspiele fremdländischer Tanzkapellen, noch nie so stark auf unser Tanzgeschehen ausgewirkt hat wie in unserer Zeit. Vielleicht ist auch eine gewisse Standardtanz-Müdigkeit eingetreten und man ist dankbar für den lebhaften latein- und nordamerikanischen Tanzstil, der vom Rhythmischen her wohl ein paar Varianten mehr aufzuweisen hat als der Stil der Standardtänze. Es ist aber auch möglich, daß die kleinen Tanzflächen in Bars und anderen Tanzlokalen die Kurswendung zu den latein- und nordamerikanischen Tänzen mit bedingt haben. Es ist ja allgemein bekannt, daß man für die Standardtänze weit mehr Platz benötigt als für die »Lateiner«. Vielleicht werden Sie glauben, daß uns die latein- und nordamerikanischen Tänze mehr liegen als die Standardtänze und sie deshalb bevorzugt behandeln. Dazu ist zu sagen: Ich persönlich tanze die Tänze beider Stilarten gleich gern. Selbstverständlich bevorzugt man manchmal diesen und manchmal jenen Tanz. Aber wir können an der allgemeinen Entwicklung nicht vorübergehen.
Noch ein Wort an die Damen und Herren, die ganz sicher gehen wollen: Was Sie auch bevorzugen, Sie müssen die Tänze beider Stilarten beherrschen, wollen Sie als guter und versierter Tänzer gelten.
Die Tänze im lateinamerikanischen Stil sind Cha-Cha-Cha, Rumba, Samba, Blues, Paso doble, Boogie und Jive. Jedem dieser Tänze liegt ein anderer Rhythmus zugrunde, den ich jeweils gesondert besprechen werde. Cha-Cha-Cha, Rumba, Samba und Paso doble haben die gleiche Tanzhaltung, die Haltung für die nordamerikanischen Tänze Blues, Boogie und Jive weicht davon ab und wird später besonders behandelt.

Die Haltung

Im Gegensatz zu den Standardtänzen haben wir hier eine offene Tanzhaltung. Die Tänzer stehen nicht auf »Tuchfühlung«. Bitte stellen Sie sich im leichten Abstand von etwa 20 cm zueinander auf. Die Füße sind geschlossen. Der Herr legt seine rechte Hand auf die Mitte des linken Schulterblattes der Dame – nicht zu tief, eher etwas höher. Die Dame legt ihre linke Hand auf den rechten Oberarm des Herrn. Bitte ziemlich hoch, fast auf die Schulter. Die gefaßten Hände, linke Hand vom Herrn, rechte Hand von der Dame, werden wie bei den Standardtänzen in Augenhöhe gehalten. Beide Ellenbogen sollen sich auf gleicher Höhe befinden. Bitte nehmen Sie die Tanzhaltung hier etwas legerer ein als bei den Standardtänzen.

Das Führen und Folgen

Sie fragen vielleicht, warum man bei den lateinamerikanischen Tänzen eine andere Tanzhaltung einnimmt als bei den Standardtänzen, warum überhaupt ein Abstand eingehalten wird. Nun, bei diesen Tänzen ist der Figurenaufbau so, daß man oftmals Solodrehungen zu tanzen hat. Der Herr muß diese Solodrehungen führen. Er führt sie normalerweise mit der rechten Hand. Manchmal ergibt sich auch die Notwendigkeit, mit der linken Hand zu führen. Wir wollen das genauer erklären: Beim Führen *in* die Solodrehung nehmen Sie die rechte Hand, meine

Korrekte Haltung

Herren. Beim Führen *aus* der Solodrehung gebrauchen Sie die linke Hand. Da Sie aus einer geschlossenen Tanzhaltung, also mit »Tuchfühlung«, eine solche Solodrehung nie führen könnten, müssen Sie hier zu ihrer Partnerin immer einen leichten Abstand haben.

Die Balance

Grundsätzlich gilt hier das, was zu dem gleichen Punkt auch bei den Standardtänzen gesagt wurde. Ich will hinzufügen, daß bei lateinamerikanischen Tänzen besonders die Damen auf eine gute Balance achten sollen. Der Herr *führt* wohl das Damensolo, jedoch tanzen müssen die Damen es allein. Obwohl sie dabei immer einen Kontakt mit mindestens einer Hand zum Herrn haben, sollten sie sich nie an der Hand des Herrn festhalten.

Die Hüftbewegung

Alle lateinamerikanischen Tänze sind ursprünglich einmal Volkstänze der farbigen Bevölkerung Amerikas gewesen. Diese Tänze werden in etwas zivilisierter Form in diesen Kreisen auch heute noch getanzt. Sie können sich vorstellen, meine Damen und Herren, daß die Interpretation solcher Tänze abhängig ist von der Mentalität jedes einzelnen Menschen. Die schwarzfarbigen Menschen tanzen diese Tänze mit sehr starker Körperbewegung, einer Körperbewegung, die von uns Europäern schlecht nachzuahmen ist. Natürlich ist diese Nachahmung schon oft versucht worden, aber man kann nicht behaupten, daß dabei die Tänzer eine besonders gute Figur abgegeben haben. Was erwartet man also von einem guten lateinamerikanischen Tänzer? Alle Schritte werden in korrektem Rhythmus getanzt. Der Tänzer wird eine natürliche Hüftbewegung zeigen, die nie forciert werden darf. Die Hüftbewegung entsteht folgendermaßen: Ein Schritt wird mit dem Ballen angesetzt, das Knie dabei gebeugt. Im Moment der Gewichtsübertragung streckt sich das Knie und das andere Knie beugt sich. Durch das Strecken des Knies wird sich die Hüfte auf derselben Seite ein wenig nach außen bewegen. Diese natürlich zustande gekommene Hüftbewegung sollte nicht vermieden werden, da der Tänzer sonst den Eindruck erweckt, als tanze er mit »angezogener Bremse«. Ich sagte schon, daß die Hüftbewegung nie zu stark getanzt werden darf. Bitte üben Sie einmal vor dem Spiegel und kontrollieren Sie, ob Ihre Hüftbewegung natürlich aussieht. Wenn Sie sie nach selbstkritischer Betrachtung für gut befinden, werden sie auch andere als richtig und gekonnt anerkennen.

Fußstellung: Bitte schauen Sie hier bei den Standardtänzen nach.

Richtung der Bewegung: Es gilt dasselbe wie bei den Standardtänzen. Bei den lateinamerikanischen Tänzen werden oft Damensoli getanzt. Beim Tanzen eines Damensolos dreht die Dame und der Herr tanzt seinen Grundschritt weiter. Bitte lassen Sie sich dadurch nicht irritieren. Auch die raumfüllende Bewegung der Standardtänze fällt hier weg. »Lateiner« tanzt man mit kleinen, rhythmisch sehr akzentuierten Schritten.

Fußarbeit: Man könnte hier gleichzeitig die Bewegung der Knie anführen. Bei diesem Tanzstil werden die meisten Schritte mit dem Ballen eines Fußes angesetzt. Dabei wird das jeweilige Knie gebeugt. Wenn das Körpergewicht übertragen ist, stehen Sie auf flachem Fuß. Das Knie des Standbeins ist dann gestreckt. Das Knie des anderen Beines wird in diesem Augenblick gebeugt. Es gibt bei diesen Tänzen auch Schritte, die »flach«, das heißt mit ganzem Fuß, angesetzt werden. Nur selten wird ein Schritt mit der Ferse angesetzt. Wenn Sie die Tänze oft tanzen, werden Sie es schnell herausfinden, wie der Fuß aufgesetzt wird.

Rhythmus: Die rhythmische Verschiedenartigkeit der einzelnen lateinamerikanischen Tänze ist wohl das Interessanteste dieses Tanzstiles. Vielleicht ist es anfangs nicht leicht, die Tänze nach dem Rhythmus zu bestimmen. Schauen Sie sich deshalb bitte die diesbezüglichen Hinweise bei den einzelnen Tänzen gut an. Leider muß ich hier betonen, daß manche Kapellen einen Rhythmus spielen, der es selbst versierten Fachleuten erst nach längerem Zuhören ermöglicht, den betreffenden Tanz zu bestimmen. Sollten Sie einmal nicht erkennen können, welcher Tanz gespielt wird, so versuchen Sie die Schritte anzuwenden, die Ihrer Meinung nach auf den Rhythmus passen. So kann man sich schon ganz gut helfen. Aber betrachten Sie das bitte wirklich nur als Notbehelf.
Und nun zur Beschreibung der einzelnen Tänze.

Die Rumba

Die Rumba ist wohl der Gesellschaftstanz, der uns von allen lateinamerikanischen Tänzen am längsten bekannt ist. Man unterscheidet in der Rumba zwischen der langsamen, der mittelschnellen und der schnellen Form. Die bei uns allgemein übliche Art ist die langsame Rumba. Im Gegensatz zum Cha-Cha-Cha, der sich wegen seiner rhythmisch-temperamentvollen Musik und seiner Spritzigkeit größter Beliebtheit erfreut, ist die Rumba ein sehr ruhiger Tanz, geradezu ein wohltuender Ausgleich zwischen allen schnelleren »Lateinern«. Trotzdem wäre es falsch, diesen Tanz als langweilig und deshalb uninteressant abzutun. Obwohl die Rumba langsam ist, kann man ihr dennoch nicht ein gewisses Temperament absprechen. Sie besitzt ein sozusagen ruhiges Temperament. Gibt es nicht auch unter uns Menschen ruhige und überschäumende Temperamente? Das eine kann genauso langweilig oder interessant sein wie das andere.

Die Rumba steht im $^4/_4$-Takt. Ein Grundschritt besteht aus drei Schritten. Auf Grund der Verteilung dieser drei Schritte auf den Rhythmus der Musik entsteht folgender Grundrhythmus: langsam – schnell – schnell. Dieser Rhythmus wird in den Figuren dieses Tanzes ständig wiederholt. Angesetzt wird der erste Schritt, also der langsame, beim ersten Taktteil in der Musik. Man kann diesen Taktteil sehr gut heraushören; denn er wird von den Rhythmus-Instrumenten am stärksten betont. Die schon besprochene Hüftbewegung folgt nach jedem Schritt in gewisser Dezenz. Also: Beim Aufsetzen des rechten Fußes bewegt sich die rechte Hüfte nach außen. Beim Aufsetzen des linken Fußes bewegt sich die linke Hüfte nach außen. Egal, ob Sie Vorwärts-, Seitwärts- oder Rückwärtsschritte tanzen.
Auf diese Musik können zwei Schrittformen getanzt werden.
1. Grundschritt in der Carré-Form (American System)
2. Grundschritt in der Wiege-Form (System Cubano)

Die Rumba (American System)

Die Carré-Form ist sehr einfach und leicht zu erlernen. Deshalb wollen wir uns zuerst damit befassen.

Rechtscarré

Herrenschritt

Schritt	*Fußstellung*	*Richtung der Bewegung*	*Fußarbeit*	*Rhythmus*
1	rechter Fuß vorwärts	Front in Tanzrichtung	Ballen, flach	langsam
2	linker Fuß seitwärts	Front in Tanzrichtung	Ballen, flach	schnell
3	rechter Fuß schließen	Front in Tanzrichtung	Ballen, flach	schnell
4	linker Fuß rückwärts	Front in Tanzrichtung	Ballen, flach	langsam
5	rechter Fuß seitwärts	Front in Tanzrichtung	Ballen, flach	schnell
6	linker Fuß schließen	Front in Tanzrichtung	Ballen, flach	schnell

Damenschritt

Schritt	*Fußstellung*	*Richtung der Bewegung*	*Fußarbeit*	*Rhythmus*
1	linker Fuß rückwärts	Rücken in Tanzrichtung	Ballen, flach	langsam
2	rechter Fuß seitwärts	Rücken in Tanzrichtung	Ballen, flach	schnell
3	linker Fuß schließen	Rücken in Tanzrichtung	Ballen, flach	schnell
4	rechter Fuß vorwärts	Rücken in Tanzrichtung	Ballen, flach	langsam
5	linker Fuß seitwärts	Rücken in Tanzrichtung	Ballen, flach	schnell
6	rechter Fuß schließen	Rücken in Tanzrichtung	Ballen, flach	schnell

Schauen Sie sich nun bitte noch einmal die Folge der Fußstellungen an.

Schritt-Diagramm des Rechtscarrés

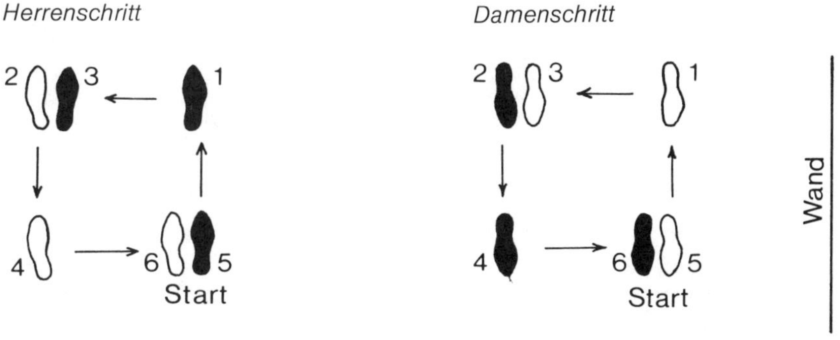

Wie Sie sehen, verläuft das Rechtscarré über zwei Takte. Sie können diesen Schritt beliebig oft wiederholen, bis Sie das Gefühl haben, sowohl die Figur als auch den Rhythmus sicher zu beherrschen.

Die Zählweise ist hierbei: vor – seit – schließ
rück – seit – schließ

Ich sagte schon, daß in den lateinamerikanischen Tänzen oftmals ein Damensolo getanzt wird. Deshalb will ich es Ihnen nun beschreiben.

Rechtscarré mit Damensolo

Herrenschritt

Der Herr tanzt hierbei die gleichen Schritte wie beim Rechtscarré. Ich möchte Ihnen einen Hinweis bezüglich der Führung geben:
Der Herr muß am Ende des ersten Schrittes seinen linken Arm gut anheben, damit die Dame unter den gefaßten Händen hindurch bequem drehen kann.
Beim Ansatz des zweiten Schrittes muß der Herr die Dame mit seiner rechten Hand ins Damensolo führen. Sie, meine Herren, müssen also der Dame für die

Drehung einen kurzen Führungsimpuls geben. Dann lösen Sie bitte die rechte Hand. Wenn Sie beim dritten Schritt die Füße geschlossen haben, nehmen Sie wieder die normale Tanzhaltung ein.

Damenschritt

Schritt	*Fußstellung*	*Richtung der Bewegung*	*Fußarbeit*	*Rhythmus*
1	linker Fuß rückwärts	Rücken zeigt in Tanzrichtung*	Ballen, flach	langsam
2	rechter Fuß vorwärts, linke Hand lösen	Front zeigt zur Mitte, am Ende stark nach rechts drehen* 6 (Zwischen 1 und 2 $^1/_4$ Rechtsdrehung)	Ballen, flach	schnell

2. Schritt

3. Schritt

Rechtscarré mit Damensolo

Schritt	*Fußstellung*	*Richtung der Bewegung*	*Fußarbeit*	*Rhythmus*
3	linker Fuß schließen, Haltung einnehmen	Rücken zeigt nun in Tanzrichtung* * (Zwischen 2 und 3 $^3/_4$ Rechtsdrehung)	Ballen, flach	schnell
4	rechter Fuß vorwärts	Rücken zeigt in Tanzrichtung	Ballen, flach	langsam
5	linker Fuß seitwärts	Rücken zeigt in Tanzrichtung	Ballen, flach	schnell
6	rechter Fuß schließen	Rücken zeigt in Tanzrichtung	Ballen, flach	schnell

Diese Figur ist nicht ganz einfach, weil das Damensolo gerade im schnellen Teil des Taktes ausgeführt werden muß. Ich will Ihnen noch zwei weitere Hilfestellungen geben. Sehen Sie sich den Verlauf der Füße im Schritt-Diagramm sowie Haltung und Körperstellung in einzelnen Schritten auf den Fotos an.

Schritt-Diagramm des Rechtscarrés mit Damensolo

Herrenschritt

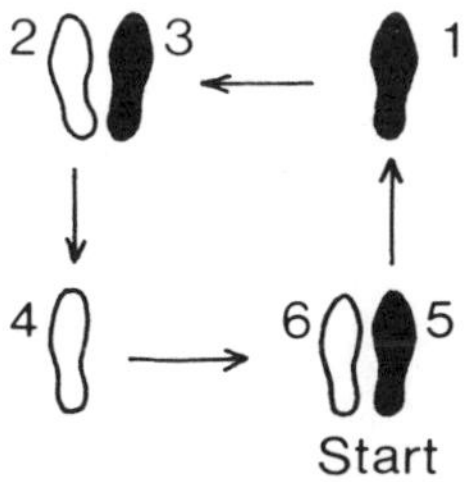

Damenschritt

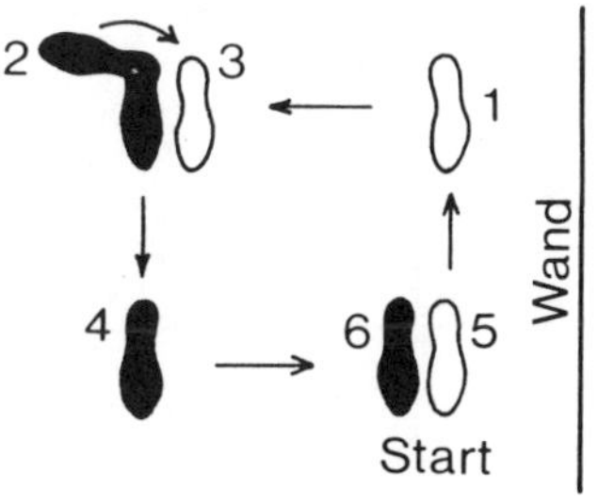

Eine weitere Figur ist das Rechtscarré im Rechtsdrehen. Man tanzt dabei pro Takt $^1/_4$ Rechtsdrehung.

Rechtsgedrehtes Rechtscarré

Herrenschritt

Schritt	*Fußstellung*	*Richtung der Bewegung*	*Fußarbeit*	*Rhythmus*
1	rechter Fuß vorwärts	schräg zur Wand*	Ballen, flach	langsam
2	linker Fuß seitwärts	Front zeigt zur Wand*	Ballen, flach	schnell
3	rechter Fuß schließen	Front zeigt zur Wand* * (Zwischen 1 und 3 $^1/_4$ Rechtsdrehung)	Ballen, flach	schnell
4	linker Fuß rückwärts	schräg zur Mitte*	Ballen, flach	langsam
5	rechter Fuß seitwärts	Rücken zeigt in Tanzrichtung*	Ballen, flach	schnell
6	linker Fuß schließen	Rücken zeigt in Tanzrichtung* * (Zwischen 4 und 6 $^1/_4$ Rechtsdrehung)	Ballen, flach	schnell
7	rechter Fuß vorwärts	schräg zur Mitte gegen die Tanzrichtung*	Ballen, flach	langsam
8	linker Fuß seitwärts	Front zeigt zur Mitte*	Ballen, flach	schnell
9	rechter Fuß schließen	Front zeigt zur Mitte* * (Zwischen 7 und 9 $^1/_4$ Rechtsdrehung)	Ballen, flach	schnell
10	linker Fuß rückwärts	schräg zur Wand gegen die Tanzrichtung*	Ballen, flach	langsam
11	rechter Fuß seitwärts	Front zeigt in Tanzrichtung*	Ballen, flach	schnell

Schritt	Fußstellung	Richtung der Bewegung	Fußarbeit	Rhythmus
12	linker Fuß schließen	Front zeigt in Tanzrichtung* * (Zwischen 10 und 12 $^1/_4$ Rechtsdrehung)	Ballen, flach	schnell

Die Drehung wird Ihnen leichter fallen, wenn Sie bei den Schritten 1, 4, 7, 10 eine Körpergegenbewegung anwenden. Sie nehmen dabei die linke Körperseite vorwärts und die rechte Körperseite zur gleichen Zeit zurück.

Damenschritt

Schritt	Fußstellung	Richtung der Bewegung	Fußarbeit	Rhythmus
1	linker Fuß rückwärts	schräg zur Wand*	Ballen, flach	langsam
2	rechter Fuß seitwärts	Rücken zeigt zur Wand*	Ballen, flach	schnell
3	linker Fuß schließen	Rücken zeigt zur Wand* * (Zwischen 1 und 3 $^1/_4$ Rechtsdrehung)	Ballen, flach	schnell
4	rechter Fuß vorwärts	schräg zur Mitte*	Ballen, flach	langsam
5	linker Fuß seitwärts	Front zeigt in Tanzrichtung*	Ballen, flach	schnell
6	rechter Fuß schließen	Front zeigt in Tanzrichtung* * (Zwischen 4 und 6 $^1/_4$ Rechtsdrehung)	Ballen, flach	schnell
7	linker Fuß rückwärts	schräg zur Mitte gegen die Tanz-richtung*	Ballen, flach	langsam
8	rechter Fuß seitwärts	Rücken zeigt zur Mitte*	Ballen, flach	schnell

Schritt	*Fußstellung*	*Richtung der Bewegung*	*Fußarbeit*	*Rhythmus*
9	linker Fuß schließen	Rücken zeigt zur Mitte* * (Zwischen 7 und 9 $^{1}/_{4}$ Rechtsdrehung)	Ballen, flach	schnell
10	rechter Fuß vorwärts	schräg zur Wand gegen die Tanzrichtung*	Ballen, flach	langsam
11	linker Fuß seitwärts	Rücken zeigt in Tanzrichtung*	Ballen, flach	schnell
12	rechter Fuß schließen	Rücken zeigt in Tanzrichtung* * (Zwischen 10 und 12 $^{1}/_{4}$ Rechtsdrehung)	Ballen, flach	schnell

Das Diagramm soll Ihnen nun noch den Verlauf der Fußstellungen verdeutlichen.

Schritt-Diagramm des rechtsgedrehten Rechtscarrés

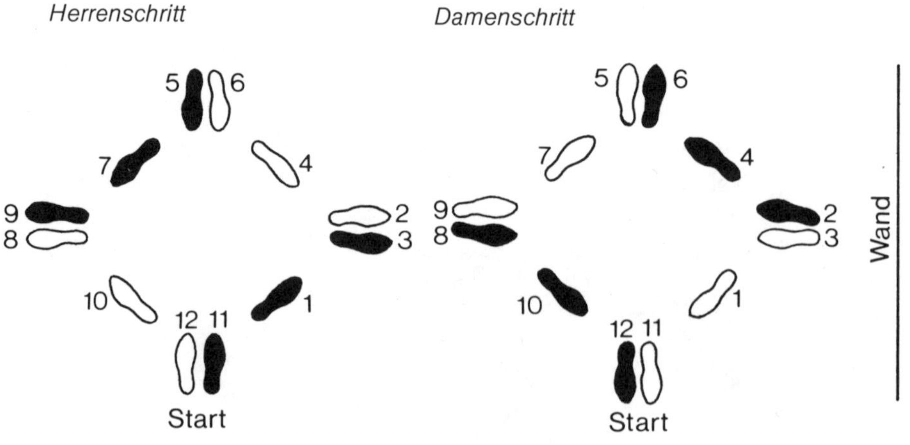

Soweit die Carré-Form.

Die Rumba (System Cubano)

Die anspruchsvollere Art ist zweifellos die Wiegeschritt-Form, die aus Kuba über England – dem Mutterland des Tanzsports – zu uns gelangte. Wir wollen dieses System in einer vereinfachten, rhythmischen Form anwenden. Für die Turniertänzer ist die Wiegeschritt-Basis mit einer Rhythmus-Verschiebung vorgeschrieben, und zwar soll der langsame Schritt seitwärts beim $^{4}/_{4}$-Takt der Rumba jeweils auf den Taktschlägen 4, 1 liegen. Diese rhythmische Anforderung ist anfangs nur schwer zu erfüllen. Man braucht ein bißchen Zeit, um sich in diese Taktaufteilung einzufinden.

Grundschritt (Basic step)

Herren- und Damenschritt

Beide beginnen mit einem langsamen Startschritt seitwärts. Der Herr mit rechtem Fuß, die Dame mit linkem Fuß (Taktschläge 1, 2). Da die Dame dem Herrn gegenübersteht, muß sie die Schritte in der Reihenfolge 4, 5, 6, 1, 2, 3 tanzen (der Startschritt ist gleich Schritt 6 bzw. 3).

Schritt	*Fußstellung*	*Richtung der Bewegung*	*Fußarbeit*	*Rhythmus*
1	linker Fuß vorwärts	Front in Tanzrichtung	Ballen, flach	schnell 3
2	Gewichtsübertragung auf rechten Fuß am Platz	Front in Tanzrichtung	Ballen, flach	schnell 4
3	linker Fuß seitwärts	Front in Tanzrichtung	Ballen, flach	langsam 1,2
4	rechter Fuß rückwärts, kleiner Schritt	Front in Tanzrichtung	Ballen, flach	schnell 3

Schritt	*Fußstellung*	*Richtung der Bewegung*	*Fußarbeit*	*Rhythmus*
5	Gewichtsübertragung auf linken Fuß am Platz	Front in Tanzrichtung	Ballen, flach	schnell 4
6	rechter Fuß seitwärts	Front in Tanzrichtung	Ballen, flach	langsam 1,2

Dieser Schritt kann ständig wiederholt werden.

Eine Anzahl von Figuren beginnt aus der Fächer-Stellung (Fan position), deshalb soll nun der Fächer beschrieben werden.

Fächer (Fan)

Herrenschritt

Diese Figur wird von der Dame ausgeführt. Nach einem langsamen Startschritt mit rechtem Fuß seitwärts tanzt der Herr 1–6 des Grundschrittes. Ab dem 4. Schritt führt der Herr die Dame in die Fächerstellung (Fan position).

Schritt-Diagramm des Fan

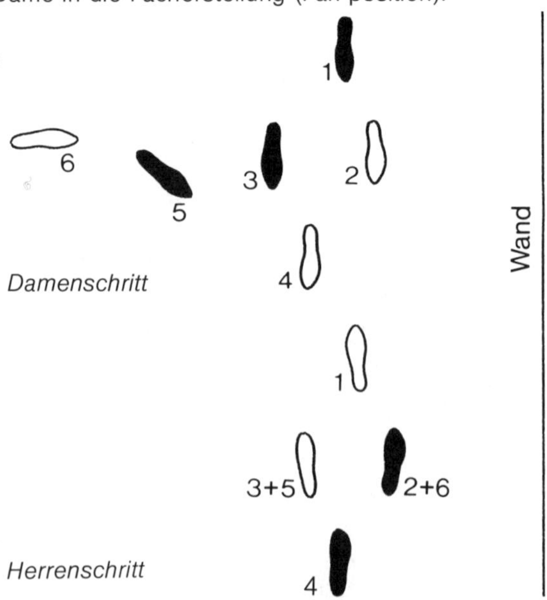

Damenschritt

Nach einem langsamen Startschritt mit dem linken Fuß seitwärts tanzt die Dame 4–6 des Grundschrittes.

Schritt	*Fußstellung*	*Richtung der Bewegung*	*Fußarbeit*	*Rhythmus*
4	linker Fuß vorwärts	gegen die Tanzrichtung, Körper dreht nach links	Ballen, flach	schnell 3
5	rechter Fuß schräg rückwärts	Rücken zeigt nun schräg zur Mitte	Ballen, flach	schnell 4
6	linker Fuß rückwärts	Rücken zeigt nun zur Mitte (Zwischen 4 und 6 $^{1}/_{4}$ Linksdrehung)	Ballen, flach	langsam 1,2

4. Schritt *5. Schritt* *6. Schritt*

Fan

Damensolo nach rechts (Alemana)

Nach dem Fächer können Sie verschiedene Variationen tanzen. Ich will Ihnen als nächste Figur die Alemana beschreiben. Sie ist ein Damensolo, unter den gefaßten Händen nach rechts drehend, während der Herr den Grundschritt ausführt, wobei er auf den Schritten 3 und 6 die Füße schließt.
Ausgangsstellung ist die Fächer-Stellung.

Herrenschritt

Schritt	*Fußstellung*	*Richtung der Bewegung*	*Fußarbeit*	*Rhythmus*
1	linker Fuß vorwärts	Front in Tanzrichtung	Ballen, flach	schnell 3
2	Gewichtsübertragung auf rechten Fuß am Platz	Front in Tanzrichtung	Ballen, flach	schnell 4

1. Schritt

3. Schritt

Damensolo nach rechts

Schritt	Fußstellung	Richtung der Bewegung	Fußarbeit	Rhythmus
3	linker Fuß schließen	Front in Tanz-richtung	flacher Fuß	langsam 1,2
4	rechter Fuß rückwärts	Front in Tanz-richtung	Ballen, flach	schnell 3
5	Gewichtsüber-tragung auf linken Fuß am Platz,	Front in Tanz-richtung	Ballen, flach	schnell 4
6	rechter Fuß schließen	Front in Tanz-richtung, Haltung wieder einnehmen	flacher Fuß	langsam 1,2

Bei Schritt 1 streckt der Herr seinen linken Arm noch mehr, um die Dame in ein Füßeschließen zu führen. Vom 2. Schritt an führt er sie vorwärts zu sich heran. Bei den Schritten 4, 5, 6 läßt er die Dame ein Solo nach rechts unter den erhobenen Händen tanzen.

4. Schritt

6. Schritt

Damensolo nach rechts

Schritt-Diagramm der Alemana

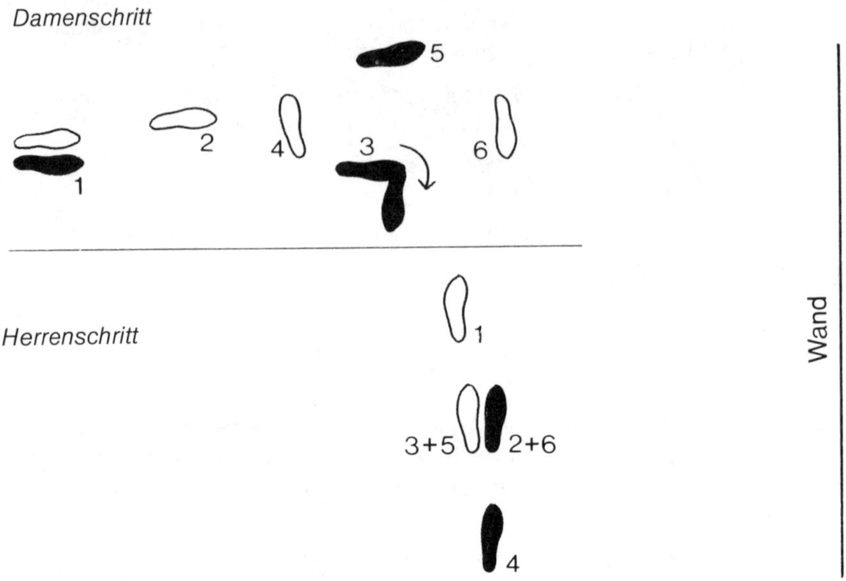

Damenschritt

Ausgangsstellung ist die Fächer-Stellung.

Schritt	*Fußstellung*	*Richtung der Bewegung*	*Fußarbeit*	*Rhythmus*
1	rechter Fuß schließt zum linken Fuß	Rücken zur Mitte	flacher Fuß	schnell 3
2	linker Fuß vorwärts	Front zur Wand	Ballen, flach	schnell 4
3	rechter Fuß vorwärts	Front zur Wand, nun beim Herrn stehend	Ballen, flach	langsam 1,2
4	linker Fuß vorwärts	Körper dreht stark nach rechts unter den gefaßten Händen	Ballen, flach	schnell 3

Schritt	*Fußstellung*	*Richtung der Bewegung*	*Fußarbeit*	*Rhythmus*
5	rechter Fuß vorwärts	Körper dreht weiter nach rechts unter den gefaßten Händen	Ballen, flach	schnell 4
6	linker Fuß vorwärts	Körper dreht weiter bis Front zum Herrn (Zwischen 3 und 6 $1\frac{1}{4}$ Rechtsdrehung)	Ballen, flach	langsam

Hat man bereits einen Grundkursus absolviert, empfiehlt sich folgende Figurenzusammenstellung:

2 Basic steps (beim 4. Takt Damensolo möglich)
2 Hand to Hand (der Herr umfaßt die Dame mit rechtem bzw. linkem Arm)
2 Basic steps (beim 4. Takt Damensolo möglich)
1 Promenade
1 Spot turn

Auf den folgenden Seiten können Sie einige »fortgeschrittene« Figuren erkennen.

Hand zu Hand (Hand to Hand)

Herren- und Damenschritt

Beide beginnen mit einem langsamen Startschritt seitwärts. Der Herr mit rechtem Fuß, die Dame mit linkem Fuß. Der Herr tanzt die Schritte 1–6, während die Dame die Schritte in der Reihenfolge 4, 5, 6, 1, 2, 3 ausführt. Sie beginnt Rücken in Tanzrichtung.

Schritt	*Fußstellung*	*Richtung der Bewegung*	*Fußarbeit*	*Rhythmus*
1	linker Fuß kreuzt hinter rechtem Fuß	Rücken zur Wand, $\frac{1}{4}$ Linksdrehung auf 1	Ballen, flach	schnell 3

Schritt	*Fußstellung*	*Richtung der Bewegung*	*Fußarbeit*	*Rhythmus*
2	Gewichtsübertragung auf rechten Fuß am Platz	Front zur Mitte	Ballen, flach	schnell 4
3	linker Fuß seitwärts	Front in Tanzrichtung, $^1/_4$ Rechtsdrehung über die Schritte 2 und 3	Ballen, flach	langsam 1,2
4	rechter Fuß kreuzt hinter linkem Fuß	Rücken zur Mitte, $^1/_4$ Rechtsdrehung auf 4	Ballen, flach	schnell 3
5	Gewichtsübertragung auf linken Fuß am Platz	Front zur Wand	Ballen, flach	schnell 4

1. Schritt

4. Schritt

Hand zu Hand

Schritt	*Fußstellung*	*Richtung der Bewegung*	*Fußarbeit*	*Rhythmus*
6	rechter Fuß seitwärts	Front in Tanzrichtung, $^1/_4$ Linksdrehung über die Schritte 5 und 6	Ballen, flach	langsam 1,2

Diese Figur kann beliebig oft wiederholt werden.

Schritt-Diagramm des Hand to Hand

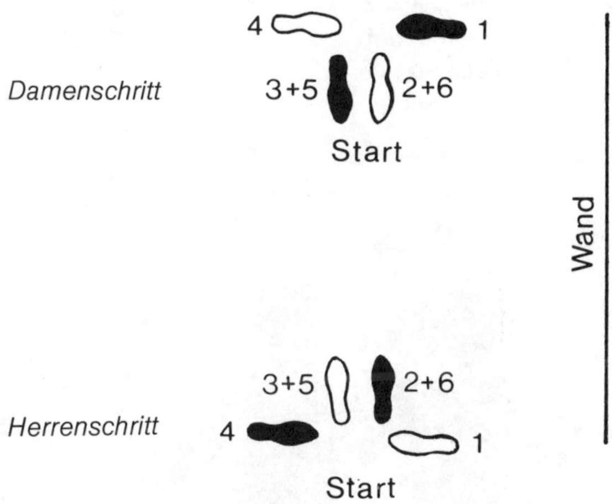

Man kann diese Figur in zwei Haltungen tanzen.
1. Der Herr umfaßt die Dame über die Schritte 1–3 mit rechtem Arm, über die Schritte 4–6 mit linkem Arm.
2. Der Herr hält mit rechter Hand die linke Hand der Dame über die Schritte 1–3, mit linker Hand die rechte Hand der Dame über die Schritte 4–6.

Die Umkehrung zum Hand to Hand sind die Promenaden. Im Gegensatz zum Hand to Hand, wobei der 1. und 4. Schritt hintergekreuzt wird, kreuzt man bei den Promenaden den 1. und 4. Schritt über.

Promenaden (Promenades)

Herren- und Damenschritt

Beide beginnen mit einem langsamen Startschritt seitwärts. Der Herr mit rechtem Fuß, die Dame mit linkem Fuß. Der Herr tanzt die Schritte 1–6, während die Dame die Schritte in der Reihenfolge 4, 5, 6, 1, 2, 3 ausführt. Sie beginnt mit Rükken in Tanzrichtung.

Schritt	*Fußstellung*	*Richtung der Bewegung*	*Fußarbeit*	*Rhythmus*
1	linker Fuß kreuzt vor rechtem Fuß	Front zur Wand, $^1/_4$ Rechtsdrehung auf 1	Ballen, flach	schnell 3
2	Gewichtsübertragung auf rechten Fuß am Platz	Rücken zur Mitte	Ballen, flach	schnell 4

1. Schritt

4. Schritt

Promenade

Schritt	*Fußstellung*	*Richtung der Bewegung*	*Fußarbeit*	*Rhythmus*
3	linker Fuß seitwärts	Front in Tanzrichtung, 1/4 Linksdrehung über die Schritte 2 und 3	Ballen, flach	langsam 1,2
4	rechter Fuß kreuzt vor linkem Fuß	Front zur Mitte, 1/4 Linksdrehung auf 4	Ballen, flach	schnell 3
5	Gewichtsübertragung auf linken Fuß am Platz	Rücken zur Wand	Ballen, flach	schnell 4
6	rechter Fuß seitwärts	Front in Tanzrichtung, 1/4 Rechtsdrehung über die Schritte 5 und 6	Ballen, flach	langsam 1,2

Diese Figur kann beliebig oft wiederholt werden.

Schritt-Diagramm der Promenades

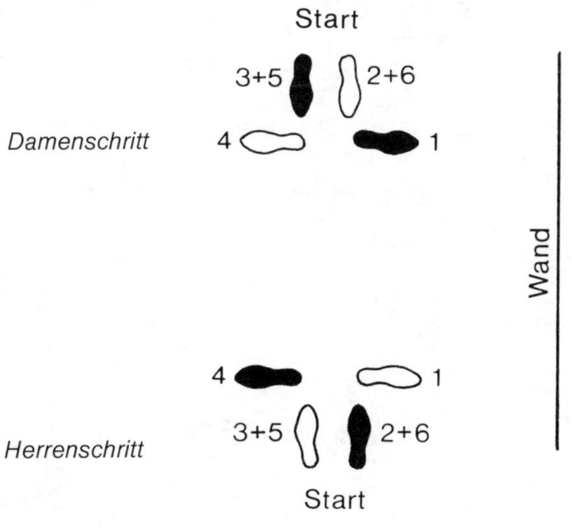

Platzdrehung rechts und links (Spot turns right and left)

Herren- und Damenschritt

Beide beginnen mit einem langsamen Startschritt seitwärts. Der Herr mit rechtem Fuß, die Dame mit linkem Fuß. Der Herr tanzt die Schritte 1–6, während die Dame die Schritte in der Reihenfolge 4, 5, 6, 1, 2, 3 ausführt. Sie beginnt mit dem Rücken in Tanzrichtung.

Schritt	*Fußstellung*	*Richtung der Bewegung*	*Fußarbeit*	*Rhythmus*
1	linker Fuß kreuzt über rechten Fuß	Front zur Wand, $^1/_4$ Rechtsdrehung auf 1	Ballen, flach	schnell 3
2	rechten Fuß am Platz belasten	Front zur Mitte, $^1/_2$ Rechtsdrehung auf 2	Ballen, flach	schnell 4
3	linker Fuß seitwärts	Front in Tanzrichtung, $^1/_4$ Rechtsdrehung auf 3	Ballen, flach	langsam 1,2
4	rechter Fuß kreuzt über linken Fuß	Front zur Mitte, $^1/_4$ Linksdrehung auf 4	Ballen, flach	schnell 3
5	linker Fuß am Platz belasten	Front zur Wand, $^1/_2$ Linksdrehung auf 5	Ballen, flach	schnell 4

Schrittdiagramm der Spot turns

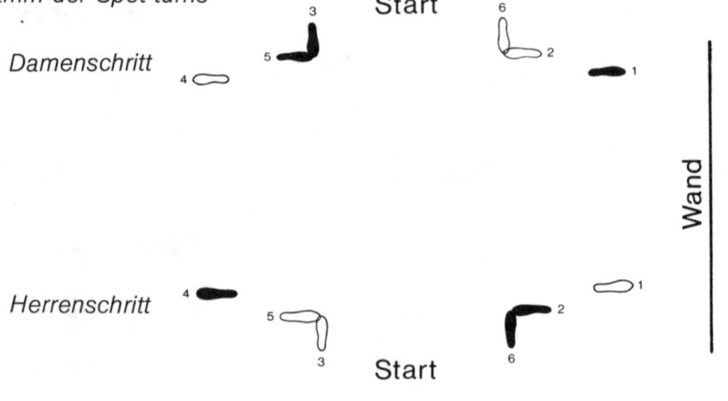

Schritt	Fußstellung	Richtung der Bewegung	Fußarbeit	Rhythmus
6	rechter Fuß seitwärts	Front in Tanzrichtung, 1/4 Linksdrehung auf 6	Ballen, flach	langsam 1,2

Diese Figur kann beliebig oft wiederholt werden.

1/2 Grundschritt in Rechtskreisel (1/2 Basic into Natural top)

Herrenschritt

Der Herr beginnt mit einem langsamen Startschritt seitwärts mit rechtem Fuß.

Schritt	Fußstellung	Richtung der Bewegung	Fußarbeit	Rhythmus
1	linker Fuß vorwärts	Front in Tanzrichtung	Ballen, flach	schnell 3
2	Gewichtsübertragung auf rechten Fuß am Platz	Front in Tanzrichtung	Ballen, flach	schnell 4
3	linker Fuß seitwärts	Front in Tanzrichtung	Ballen, flach	langsam 1,2
4	rechten Fuß hinter linken Fuß kreuzen	2 volle Rechtsdrehungen über die Schritte 4–12	Ballen, flach	schnell 3
5	linker Fuß seitwärts		Ballen, flach	schnell 4
6	wie Schritt 4		Ballen, flach	langsam 1,2
7	wie Schritt 5		Ballen, flach	schnell 3
8	wie Schritt 4		Ballen, flach	schnell 4

Schritt	*Fußstellung*	*Richtung der Bewegung*	*Fußarbeit*	*Rhythmus*
9	wie Schritt 5		Ballen, flach	langsam 1,2
10	wie Schritt 4		Ballen, flach	schnell 3
11	wie Schritt 5		Ballen, flach	schnell 4
12	rechter Fuß schließt zum linken Fuß	Front in Tanzrichtung	Ballen, flach	langsam 1,2

Damenschritt

Die Dame beginnt mit einem langsamen Startschritt seitwärts mit linkem Fuß.

Schritt	*Fußstellung*	*Richtung der Bewegung*	*Fußarbeit*	*Rhythmus*
1	rechter Fuß rückwärts	Rücken in Tanzrichtung	Ballen, flach	schnell 3
2	Gewichtsübertragung auf linken Fuß am Platz	Rücken in Tanzrichtung	Ballen, flach	schnell 4
3	rechter Fuß vorwärts zwischen die Füße des Partners	Rücken in Tanzrichtung	Ballen, flach	langsam 1,2
4	linker Fuß seitwärts	2 volle Rechtsdrehungen über die Schritte 4–12	Ballen, flach	schnell 3
5	rechter Fuß vor den linken Fuß kreuzen		Ballen, flach	schnell 3
6	wie Schritt 4		Ballen, flach	langsam 1,2

Schritt	*Fußstellung*	*Richtung der Bewegung*	*Fußarbeit*	*Rhythmus*
7	wie Schritt 5		Ballen, flach	schnell 3
8	wie Schritt 4		Ballen, flach	schnell 4
9	wie Schritt 5		Ballen, flach	langsam 1,2
10	wie Schritt 4		Ballen, flach	schnell 3
11	wie Schritt 5		Ballen, flach	schnell 4
12	linker Fuß seitwärts	Rücken in Tanzrichtung	Ballen, flach	langsam 1,2

Für fortgeschrittene Tänzer wird folgende Figurenzusammenstellung empfohlen: Basic step – Fan – Alemana – Hand to Hand (an den Händen gefaßt) – Spot turns – ½ Basic step into natural top

4. Schritt

5. Schritt

Grundschritt im Rechtskreisel

Die Samba

Samba, dieser spritzigste, lebendigste und deshalb auch schnellste aller lateinamerikanischen Tänze, stammt in seiner Urform aus Brasilien. Daran erinnern uns die bewegten Bilder eines »Karneval in Rio«. Dort tanzen die Einheimischen tagelang in wilder Ausgelassenheit ihre Tänze nach einem Rhythmus, der jedem Tänzer »im Blut« liegt. Dort wird die Samba in ihrer Urform getanzt – auf den Straßen, mit einer Besessenheit, die oftmals zur Ekstase wird. Natürlich spielt man dabei die Musik so schnell, daß Europäer große Mühe haben, ihr zu folgen.
Ich will Ihnen Samba in einer Form zeigen, die sowohl unserer Mentalität als auch unserer tänzerischen Eignung entspricht. Die Samba ist kein leichter Tanz. Aus diesem Grunde wende ich mich an den fortgeschrittenen Tänzer. Sie müssen schon Geduld mit ihr haben.
Warum ist Samba so schwierig? Dieser Tanz wird in vielen Figuren mit starker Körperbewegung getanzt, wobei sich das Becken am meisten bewegt. Sie können sich also vorstellen, daß man leicht eine unschöne Figur abgibt, wenn man Samba nicht lange genug geübt hat.
Die Samba steht im $^2/_4$-Takt. Ihr Tempo ist verschieden. Die Kapellen wählen einmal die langsamere, ein anderes Mal die schnellere Form, das richtet sich wohl nach dem Arrangement des betreffenden Musikstücks. Sie müssen sich also darauf einstellen, entsprechend langsamer oder schneller zu tanzen.
Der Grundrhythmus der Samba ist: Lang – und – lang. Der Grundschritt, der aus drei einzelnen Schritten besteht, ist über den $^2/_4$-Takt zu verteilen. Man beginnt mit dem ersten Schritt auf Taktteil 1, der zweite Schritt ist der schnellste, der dritte Schritt ist der langsamste – wenn man überhaupt im Samba von langsamen Schritten sprechen kann.
Die erste Figur beginnt in Promenadenstellung.

Promenadenstellung

Promenaden- und Seitschritt (Promenade-walk and side-walk)

Herrenschritt

Schritt	*Fußstellung*	*Richtung der Bewegung*	*Fußarbeit*	*Rhythmus*	
1	linker Fuß vorwärts	Front in Tanzrichtung	Ballen, flach	lang	1
2	rechter Fuß klein rückwärts	Front in Tanzrichtung	Ballen	und	+
3	linken Fuß leicht zum rechten Fuß ziehen	Front in Tanzrichtung	Ballen, flach	lang	2
4	rechter Fuß vorwärts	Front in Tanzrichtung	Ballen, flach	lang	1
5	linker Fuß klein seitwärts	Front in Tanzrichtung	Ballen	und	+

1. Schritt

2. Schritt

5. Schritt

Promenadenschritt

Schritt	*Fußstellung*	*Richtung der Bewegung*	*Fußarbeit*	*Rhythmus*	
6	rechten Fuß leicht zum linken Fuß ziehen	Front in Tanzrichtung	Ballen, flach	lang	2

Diese Figur kann fortlaufend getanzt werden. Wenn die Wischer folgen sollen, muß $^1/_4$ Rechtsdrehung zwischen den Schritten 4–6 erfolgen, um in Gegenüberstellung zu enden.

Damenschritt

Schritt	*Fußstellung*	*Richtung der Bewegung*	*Fußarbeit*	*Rhythmus*	
1	rechter Fuß vorwärts	Front in Tanzrichtung	Ballen, flach	lang	1
2	linker Fuß klein rückwärts	Front in Tanzrichtung	Ballen	und	+
3	rechten Fuß leicht zum linken Fuß ziehen	Front in Tanzrichtung	Ballen, flach	lang	2
4	linker Fuß vorwärts	Front in Tanzrichtung	Ballen, flach	lang	1
5	rechter Fuß klein seitwärts	Front in Tanzrichtung	Ballen	und	+
6	linker Fuß leicht zum rechten Fuß ziehen	Front in Tanzrichtung	Ballen, flach	lang	2

Diese Figur kann fortlaufend getanzt werden. Wenn die Wischer folgen sollen, muß $^1/_4$ Linksdrehung zwischen den Schritten 4–6 erfolgen, um in Gegenüberstellung zu enden.

Wischer (Whisks)

Herren- und Damenschritt

Der Herr beginnt mit der Front zur Wand, die Dame mit dem Rücken zur Wand. Während der Herr die Schritte 1–6 tanzt, führt die Dame die Schritte in der Reihenfolge 4, 5, 6, 1, 2, 3 aus.

Schritt	*Fußstellung*	*Richtung der Bewegung*	*Fußarbeit*	*Rhythmus*	
1	linker Fuß seitwärts	Front zur Wand	Ballen, flach	lang	1
2	rechten Fuß hinter linken Fuß kreuzen	Front zur Wand	Ballen	und	+
3	Gewichtsübertragung auf linken Fuß am Platz	Front zur Wand	Ballen, flach	lang	2

2. Schritt

5. Schritt

Wischer

Schritt	*Fußstellung*	*Richtung der Bewegung*	*Fußarbeit*	*Rhythmus*	
4	rechter Fuß seitwärts	Front zur Wand	Ballen, flach	lang	1
5	linken Fuß hinter rechten Fuß kreuzen	Front zur Wand	Ballen	und	+
6	Gewichtsübertragung auf rechten Fuß am Platz	Front zur Wand	Ballen, flach	lang	2

Schritt-Diagramm (Whisks)

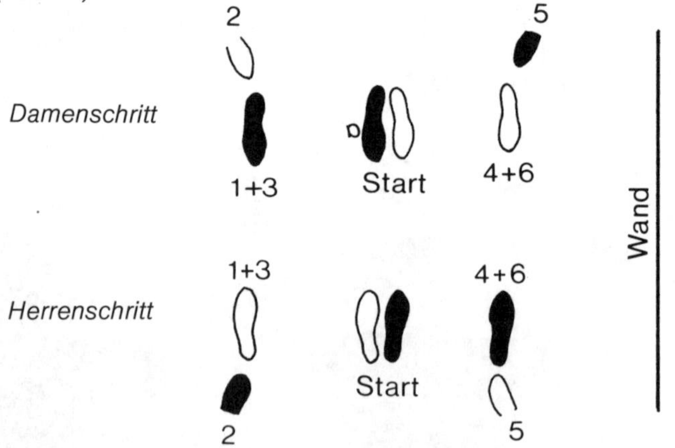

Diese Figur kann beliebig oft wiederholt werden. Soll nach den Wischern eine Promenade getanzt werden, tanzt der Herr $^1/_4$ Linksdrehung, die Dame $^1/_4$ Rechtsdrehung zwischen den Schritten 4–6.

Linksdrehung (Basic reverse turn)

Herren- und Damenschritt

Der Herr beginnt mit der Front zur Wand, die Dame mit dem Rücken zur Wand. Während der Herr die Schritte 1–6 tanzt, führt die Dame die Schritte in der Reihenfolge 4, 5, 6, 1, 2, 3 aus.

Schritt	*Fußstellung*	*Richtung der Bewegung*	*Fußarbeit*	*Rhythmus*
1	linker Fuß vorwärts	Front zur Wand	Ballen, flach	lang 1
2	rechter Fuß seitwärts	Front in Tanzrichtung	Ballen	und +
3	linker Fuß schließen	Front in Tanzrichtung (Zwischen 1 und 3 ¹/₄ Linksdrehung)	Ballen, flach	lang 2
4	rechter Fuß rückwärts	Rücken gegen die Tanzrichtung	Ballen, flach	lang 1
5	linker Fuß seitwärts kleiner Schritt	Front zur Mitte	Ballen	und +
6	rechter Fuß schließen	Front zur Mitte (Zwischen 4 und 6 ¹/₄ Linksdrehung)	Ballen, flach	lang 2

Die Schritte 1–6 werden wiederholt, so daß der Herr mit der Front, die Dame mit dem Rücken zur Wand endet.

Schritt-Diagramm der Basic reverse turn

Herrenschritt

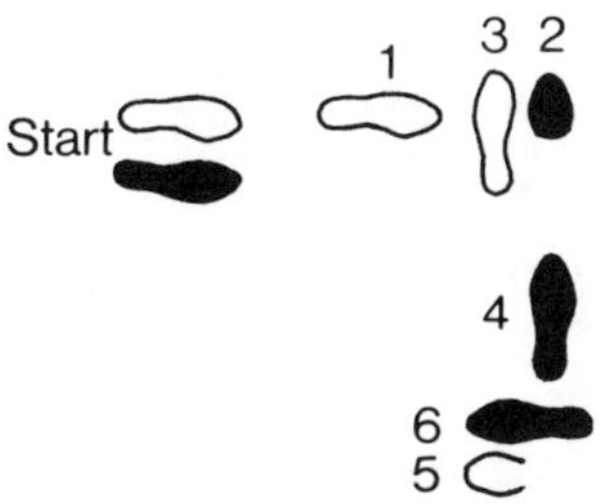

Damenschritt

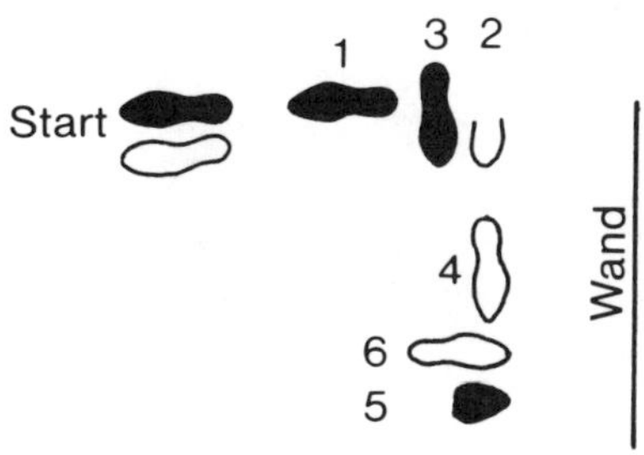

Obwohl jede Figur beliebig oft wiederholt werden kann, wird eine festgelegte Reihenfolge empfohlen:

2mal Promenaden- und Seitschritt, dabei wird beim zweiten Mal zwischen den Schritten 4–6 eine $^1/_4$ Drehung zueinander getanzt,
2mal Wischer,
2mal Linksdrehung,
2mal Wischer, dabei wird beim zweiten Mal zwischen den Schritten 4–6 eine $^1/_4$ Drehung zur Promenadenstellung gedreht.

Viel Spaß bei der Samba.

Der Cha-Cha-Cha

Dieser Tanz gehört mit zu den beliebtesten Tänzen des lateinamerikanischen Stils. Als Modetanz ist er um 1954 in Amerika entstanden. Sein Vorläufer war der Mambo, der sich nicht so recht durchsetzen konnte, während durch seine »in die Beine gehende« Musik der Cha-Cha-Cha in kurzer Zeit viele Anhänger gewonnen hat. Seine Musik ist entstanden, als man afro-kubanischen Rhythmus mit den Elementen des Jazz verband. Wie schon bemerkt, kam zuerst der Mambo. Dieser Tanz wurde sehr schnell gespielt und konnte wohl deshalb kein voller Erfolg werden, zumal es auch sehr anstrengend war, ihn zu tanzen. Kurze Zeit später versuchten einige Kapellen noch einmal, diesen Tanz, nun etwas langsamer gespielt, populär zu machen. Das war die Geburtsstunde des Cha-Cha-Cha. Es war also nichts weiter als die langsame Form des Mambo. Als bald darauf die ersten Schrittkombinationen festgelegt waren, hatten alle »modernen Tänzer« den Wunsch, Cha-Cha-Cha zu lernen. Der Name des Tanzes stammt im wesentlichen von dem rhythmischen Ruf der Musiker, der als musikalische Figur einer Triole innerhalb eines Taktes anzusehen ist.

Der Grundschritt besteht aus fünf Schritten. Aus einem Wechselschritt, der aus drei Schritten zusammengesetzt wird, und zwei weiteren Schritten, die je nach Variation am Platz, vorwärts oder rückwärts gesetzt werden können.

Die Schritte zu den Variationen wie *Hand to Hand, Platzdrehung rechts und links, Kick and Swivel* oder *Choo Choo Chase* werde ich Ihnen auf den folgenden Seiten genauer erklären. Lassen Sie sich durch die ausländischen Bezeichnungen nicht verwirren; sie sind ganz einfach zu tanzen.

Der Cha-Cha-Cha steht im $^4/_4$-Takt. Sein Tempo ist einmal langsamer, einmal schneller. Die Schritte werden im Rhythmus 2, 3, 4, 1 gesetzt, das heißt die Wiege auf 2, 3 und der dreischrittige Wechselschritt auf den Taktschlägen 4 + 1. Um diesen Rhythmus zu erreichen, wird zu Beginn vom Herrn ein Startschritt mit rechtem Fuß seitwärts und von der Dame ein Startschritt mit linkem Fuß seitwärts getanzt. Verbindet man mehrere Figuren zu einer Schrittfolge, wird der Startschritt nur zu Beginn getanzt und entfällt bei den folgenden Figuren.

Wiegeschritt vor- und rückwärts (Basic step)

Herrenschritt

Der Herr beginnt mit einem Startschritt mit rechtem Fuß seitwärts auf Taktschlag 1.

Schritt	*Fußstellung*	*Richtung der Bewegung*	*Fußarbeit*	*Rhythmus*
1	linker Fuß vorwärts	Front zeigt in Tanzrichtung	Ballen, flach	schnell 2
2	rechten Fuß rückwärts belasten	Front zeigt in Tanzrichtung	Ballen, flach	schnell 3
3	linker Fuß seitwärts kleiner Schritt	Front zeigt in Tanzrichtung, Bewegung geht zur Mitte	Ballen, flach	schnell 4

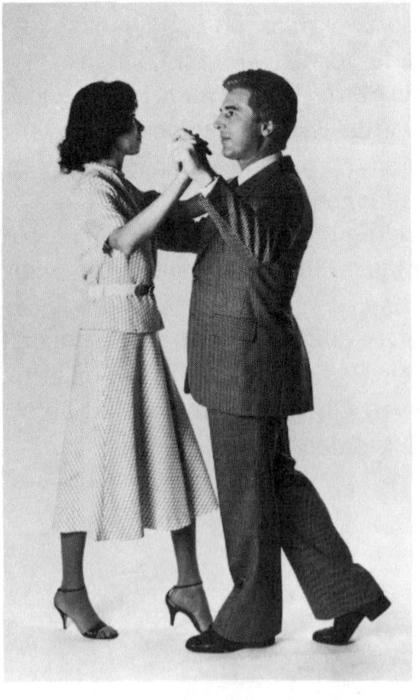

1. Schritt

6. Schritt

Wiegeschritt

Schritt	*Fußstellung*	*Richtung der Bewegung*	*Fußarbeit*	*Rhythmus*
4	rechter Fuß fast schließen	Front zeigt in Tanzrichtung	Ballen, flach	und +
5	linker Fuß seitwärts, kleiner Schritt	Front zeigt in Tanzrichtung	Ballen, flach	schnell 1
6	rechter Fuß rückwärts	Front zeigt in Tanzrichtung	Ballen, flach	schnell 2
7	linken Fuß vorwärts belasten	Front zeigt in Tanzrichtung	Ballen, flach	schnell 3
8	rechter Fuß seitwärts, kleiner Schritt	Front zeigt in Tanzrichtung, Bewegung geht zur Wand	Ballen, flach	schnell 4
9	linker Fuß fast schließen	Front zeigt in Tanzrichtung	Ballen, flach	und +
10	rechter Fuß seitwärts, kleiner Schritt	Front zeigt in Tanzrichtung	Ballen, flach	schnell 1

Man achte bitte darauf, daß die Schritte 1 und 6 sehr schmalspurig zu setzen sind. Es sieht nicht sehr schön aus, wenn gerade diese Schritte breitbeinig getanzt werden. Auch sollten sie nicht mit zu großer Vor- bzw. Rückwärtsbewegung getanzt werden, weil man dadurch leicht die Balance verlieren kann.

Damenschritt

Die Dame beginnt mit einem Startschritt mit linkem Fuß seitwärts auf Taktschlag 1.

Schritt	*Fußstellung*	*Richtung der Bewegung*	*Fußarbeit*	*Rhythmus*
1	rechter Fuß rückwärts	Rücken zeigt in Tanzrichtung	Ballen, flach	schnell 2
2	linker Fuß vorwärts belasten	Rücken zeigt in Tanzrichtung	Ballen, flach	schnell 3

Schritt	*Fußstellung*	*Richtung der Bewegung*	*Fußarbeit*	*Rhythmus*
3	rechter Fuß seitwärts, kleiner Schritt	Rücken zeigt in Tanzrichtung, Bewegung geht zur Mitte	Ballen, flach	schnell 4
4	linker Fuß fast schließen	Rücken zeigt in Tanzrichtung	Ballen, flach	und +
5	rechter Fuß seitwärts, kleiner Schritt	Rücken zeigt in Tanzrichtung	Ballen, flach	schnell 1
6	linker Fuß vorwärts	Rücken zeigt in Tanzrichtung	Ballen, flach	schnell 2
7	rechter Fuß rückwärts belasten	Rücken zeigt in Tanzrichtung	Ballen, flach	schnell 3
8	linker Fuß seitwärts, kleiner Schritt	Rücken zeigt in Tanzrichtung, Bewegung geht zur Wand	Ballen, flach	schnell 4
9	rechter Fuß fast schließen	Rücken zeigt in Tanzrichtung	Ballen, flach	und +
10	linker Fuß seitwärts, kleiner Schritt	Rücken zeigt in Tanzrichtung	Ballen, flach	schnell 1

Schritt-Diagramm des Basic step

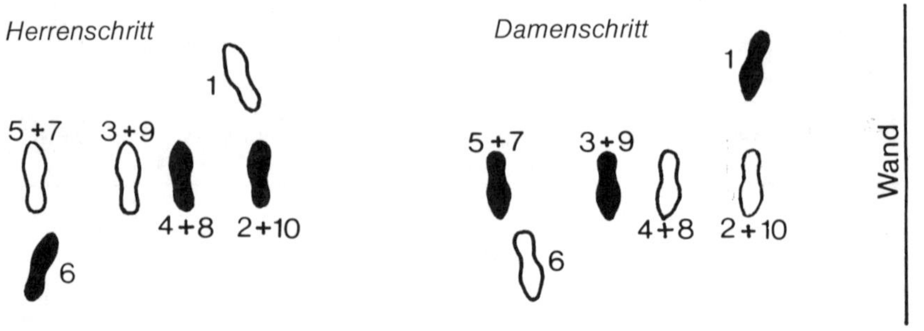

Eine andere Variante ist das Hand zu Hand.

Hand zu Hand (Hand to Hand)

Herrenschritt

Der Herr beginnt mit einem Startschritt mit rechtem Fuß seitwärts auf Taktschlag 1.

Schritt	*Fußstellung*	*Richtung der Bewegung*	*Fußarbeit*	*Rhythmus*
1	linken Fuß hinter rechten Fuß kreuzen, linke Hand lösen	Front zeigt nun schräg zur Mitte* * (Auf 1 $^1/_8$ Linksdrehung)	Ballen, flach	schnell 2
2	rechten Fuß vorwärts belasten	Front zeigt noch schräg zur Mitte*	Ballen, flach	schnell 3
3	linker Fuß seitwärts, kleiner Schritt	Front zeigt in Tanzrichtung, Bewegung geht zur Mitte* * (Zwischen 3 und 5 $^1/_8$ Rechtsdrehung)	Ballen, flach	schnell 4
4	rechter Fuß fast schließen	Front zeigt in Tanzrichtung	Ballen, flach	und +
5	linker Fuß seitwärts kleiner Schritt, rechte Hand lösen	Front zeigt in Tanzrichtung*	Ballen, flach	schnell 1
6	rechter Fuß hinter linken Fuß kreuzen, linke Hand faßt rechte Hand der Dame	Front zeigt nun schräg zur Wand* * (Auf 6 $^1/_8$ Rechtsdrehung)	Ballen, flach	schnell 2
7	linken Fuß vorwärts belasten	Front zeigt noch schräg zur Wand	Ballen, flach	schnell 3

Schritt	Fußstellung	Richtung der Bewegung	Fußarbeit	Rhythmus
8	rechter Fuß seitwärts kleiner Schritt	Front zeigt in Tanzrichtung, Bewegung geht zur Wand* * (Zwischen 8 und 10 $^1/_8$ Linksdrehung)	Ballen, flach	schnell 4
9	linker Fuß fast schließen	Front zeigt in Tanzrichtung	Ballen, flach	und +
10	rechter Fuß seitwärts kleiner Schritt, linke Hand lösen	Front zeigt in Tanzrichtung	Ballen, flach	schnell 1

Diese Figur kann beliebig oft wiederholt werden. Wenn ein Grundschritt folgen soll, nimmt der Herr bei den Schritten 8, 9, 10 wieder die Tanzhaltung ein.

Damenschritt

Die Dame beginnt mit einem Startschritt mit linkem Fuß seitwärts auf Taktschlag 1.

1. Schritt

6. Schritt

Hand zu Hand

Schritt	*Fußstellung*	*Richtung der Bewegung*	*Fußarbeit*	*Rhythmus*
1	rechten Fuß hinter linken Fuß kreuzen, rechte Hand lösen	Rücken zeigt nun schräg zur Wand* * (Auf 1 $^1/_8$ Rechtsdrehung)	Ballen, flach	schnell 2
2	linken Fuß vorwärts belasten	Rücken zeigt noch schräg zur Wand*	Ballen, flach	schnell 3
3	rechter Fuß seitwärts kleiner Schritt	Rücken zeigt in Tanzrichtung, Bewegung geht zur Mitte* * (Zwischen 3 und 5 $^1/_8$ Linksdrehung)	Ballen, flach	schnell 4
4	linker Fuß fast schließen	Rücken zeigt in Tanzrichtung	Ballen, flach	und +
5	rechter Fuß seitwärts kleiner Schritt	Rücken zeigt in Tanzrichtung*	Ballen, flach	schnell 1
6	linken Fuß hinter rechten Fuß kreuzen, linke Hand lösen	Rücken zeigt nun schräg zur Mitte* * (Auf 6 $^1/_8$ Linksdrehung)	Ballen, flach	schnell 2
7	rechten Fuß vorwärts belasten	Rücken zeigt noch schräg zur Mitte	Ballen, flach	schnell 3
8	linker Fuß seitwärts kleiner Schritt	Rücken zeigt in Tanzrichtung, Bewegung geht zur Wand* * (Zwischen 8 und 10 $^1/_8$ Rechtsdrehung)	Ballen, flach	schnell 4
9	rechter Fuß schließen	Rücken zeigt in Tanzrichtung	Ballen, flach	und +
10	linker Fuß seitwärts kleiner Schritt	Rücken zeigt in Tanzrichtung*	Ballen, flach	schnell 1

Schritt-Diagramm des Hand to Hand

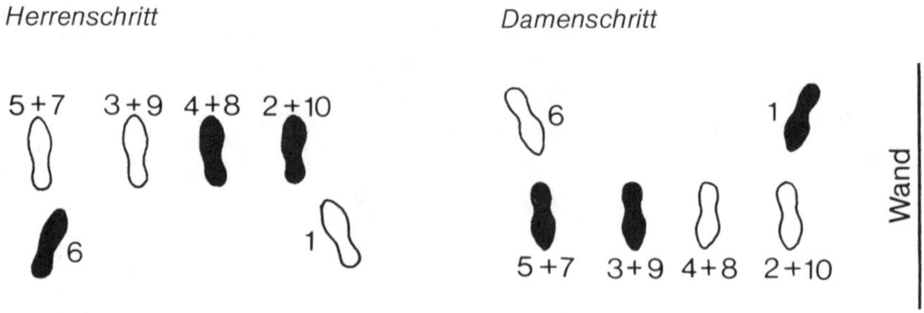

Eine weitere beliebte Figur im Cha-Cha-Cha ist die Promenade, die aus zwei Takten besteht. Dabei führt der Herr seine Partnerin an den Händen von einer Seite zur anderen. Man könnte fast sagen: Die Promenade ist das Gegenstück zum Hand zu Hand. Beim Hand zu Hand setzt man beim zweiten Schritt hinter, bei der Promenade setzt man beim zweiten Schritt über.
Hier folgt erst einmal die Beschreibung.

Promenade (New York)

Herrenschritt

Der Herr beginnt mit einem Startschritt mit rechtem Fuß seitwärts auf Taktschlag 1.

Schritt	*Fußstellung*	*Richtung der Bewegung*	*Fußarbeit*	*Rhythmus*
1	linker Fuß vorwärts	Körper dreht stark nach rechts, am Ende Front zur Wand, auf diesem Schritt $^1/_4$ Rechtsdrehung	Ballen, flach	schnell 2
2	Gewichtsübertragung auf rechten Fuß am Platz	Körper dreht stark nach links, am Ende Front in Tanzrichtung, auf diesem Schritt $^1/_4$ Linksdrehung	Ballen, flach	schnell 3

Schritt	Fußstellung	Richtung der Bewegung	Fußarbeit	Rhythmus
3	linker Fuß seitwärts kleiner Schritt	Front in Tanzrichtung, Bewegung geht zur Mitte	Ballen, flach	schnell 4
4	rechter Fuß fast schließen	Front in Tanzrichtung	Ballen, flach	und +
5	linker Fuß seitwärts kleiner Schritt	Front in Tanzrichtung	Ballen, flach	schnell 1
6	rechter Fuß vorwärts	Körper dreht stark nach links, am Ende Front zur Mitte, auf diesem Schritt $^1/_4$ Linksdrehung	Ballen, flach	schnell 2

1. Schritt

6. Schritt

Promenade

Schritt	*Fußstellung*	*Richtung der Bewegung*	*Fußarbeit*	*Rhythmus*
7	Gewichtsübertragung auf linken Fuß am Platz	Körper dreht stark nach rechts, am Ende Front in Tanzrichtung, auf diesem Schritt $^1/_4$ Rechtsdrehung	Ballen, flach	schnell 3
8	rechter Fuß seitwärts kleiner Schritt	Front in Tanzrichtung, Bewegung geht zur Wand	Ballen, flach	schnell 4
9	linker Fuß fast schließen	Front in Tanzrichtung	Ballen, flach	und +
10	rechter Fuß seitwärts kleiner Schritt	Front in Tanzrichtung	Ballen, flach	schnell 1

Der Promenade geht ein Wiegeschritt voraus, wobei der Herr bei den Schritten 8, 9, 10 die rechte Hand von der Schulter der Dame lösen muß. Er führt die Dame während der ersten Hälfte dieser Figur mit seiner linken an ihrer rechten Hand. Beim zweiten Teil wechselt er bei den Schritten 3, 4, 5 die Handhaltung und führt die Dame nun mit seiner rechten an ihrer linken Hand.
Die Figur kann beliebig oft wiederholt werden. Wenn ein Grundschritt folgen soll, nimmt der Herr bei den Schritten 8, 9, 10 wieder die Tanzhaltung ein.

Schritt-Diagramm der Promenade

Herrenschritt

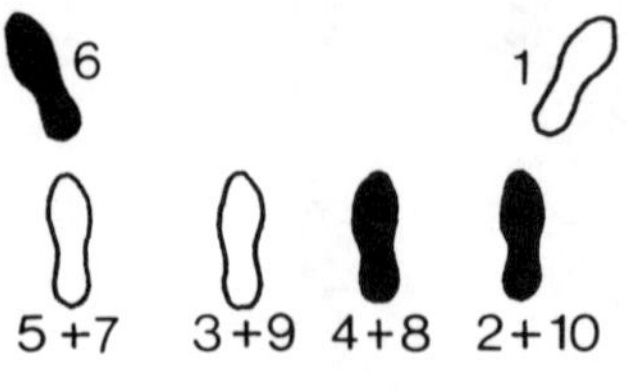

Damenschritt

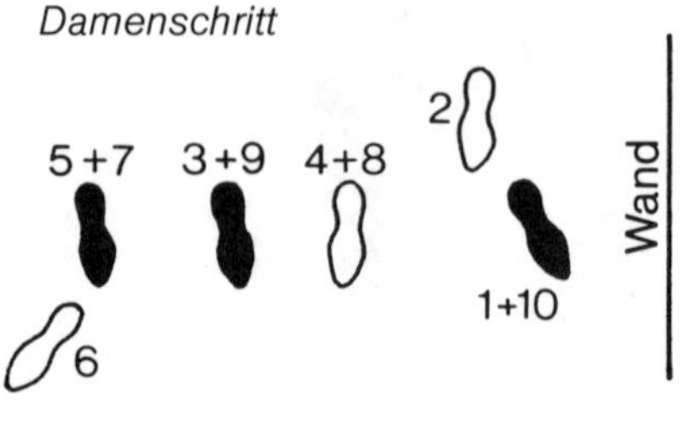

Damenschritt

Die Dame beginnt mit einem Startschritt mit linkem Fuß seitwärts auf Taktschlag 1.
Es ist nicht erforderlich, den Damenschritt zu beschreiben; die Dame tanzt die gleichen Schritte wie der Herr, natürlich gegengleich. Sie muß mit dem Schritt 6 beginnen. Da sie dem Herrn gegenübersteht, wird sich die Linienführung verändern, und zwar um 180 Grad.
Wenn man in der Promenade die Drehung auf Schritt 1 ($^1/_4$ Rechtsdrehung) und auf Schritt 6 ($^1/_4$ Linksdrehung) auf jeweils eine volle Drehung ausdehnt, entsteht die Figur der Platzdrehung rechts und links.

Platzdrehung rechts und links (Spot turn right and left)

Die Führung ist in dieser Figur außerordentlich wichtig. Der Herr führt seine Partnerin im ersten Teil mit der linken Hand, gibt ihr damit am Ende des 1. Schrittes einen kleinen Stoß und läßt sofort die Hand los, damit beide Partner ihre Drehung ausführen können. Beim zweiten Teil führt er die Dame mit der rechten Hand und gibt ihr den kleinen Stoß am Ende des 6. Schrittes, damit sie wiederum drehen kann.
Da auch hier beide Partner die gleichen Schritte tanzen – die Dame natürlich gegengleich – genügt eine Schrittbeschreibung. Die Dame hat durch die Gegenüberstellung eine um 180 Grad veränderte Linienführung.
Der Herr beginnt mit einem Startschritt mit rechtem Fuß seitwärts, die Dame mit linkem Fuß seitwärts, auf Taktschlag 1.

Herren- und Damenschritt

Schritt	*Fußstellung*	*Richtung der Bewegung*	*Fußarbeit*	*Rhythmus*
1	linker Fuß vorwärts	Körper dreht stark nach rechts	Ballen, flach	schnell 2
2	rechten Fuß vorwärts belasten	Körper dreht weiter stark nach rechts, auf 1 und 2 $^3/_4$ Rechtsdrehung	Ballen, flach	schnell 3

Schritt	*Fußstellung*	*Richtung der Bewegung*	*Fußarbeit*	*Rhythmus*
3	linker Fuß seitwärts kleiner Schritt	Front fast in Tanzrichtung	Ballen, flach	schnell 4
4	rechter Fuß fast schließen	Front fast in Tanzrichtung	Ballen, flach	und +
5	linker Fuß seitwärts kleiner Schritt	Front in Tanzrichtung, über die Schritte 3 bis 5 1/4 Rechtsdrehung	Ballen, flach	schnell 1
6	rechter Fuß vorwärts	Körper dreht stark nach links	Ballen, flach	schnell 2
7	linken Fuß vorwärts belasten	Körper dreht weiter stark nach links, auf 1 und 2 3/4 Linksdrehung	Ballen, flach	schnell 3
8	rechter Fuß seitwärts kleiner Schritt	Front fast in Tanzrichtung	Ballen, flach	schnell 4
9	linker Fuß fast schließen	Front fast in Tanzrichtung	Ballen, flach	und +
10	rechter Fuß seitwärts	Front in Tanzrichtung, über die Schritte 9 bis 10 1/4 Linksdrehung	Ballen, flach	schnell 1

Alle bisher beschriebenen Figuren können der Reihe nach zusammengefügt werden. Eine empfehlenswerte Folge wäre:

2mal Wiegeschritt vor- und rückwärts	4 Takte
2mal Hand zu Hand	4 Takte
2mal Wiegeschritt vor- und rückwärts	4 Takte
1mal Promenade	2 Takte
1mal Platzdrehung rechts und links	2 Takte

Es folgen noch einige Ergänzungsvariationen, die den Cha-Cha-Cha interessanter machen.

Kick and Swivel

Herrenschritt

Der Herr beginnt mit einem Startschritt mit rechtem Fuß seitwärts auf Taktschlag 1.

Schritt	*Fußstellung*	*Richtung der Bewegung*	*Fußarbeit*	*Rhythmus*
1	linker Fuß vorwärts	Front zur Wand, $^{1}/_{4}$ Rechtsdrehung	Ballen, flach	schnell 2
2	Gewichtsübertragung auf rechten Fuß am Platz	Rücken zur Mitte	Ballen, flach	schnell 3
3	linker Fuß seitwärts (Stomp)	Front in Tanzrichtung, über Schritte 2 und 3 $^{1}/_{4}$ Linksdrehung	Ballen flach	schnell 4

3. Schritt

4. Schritt

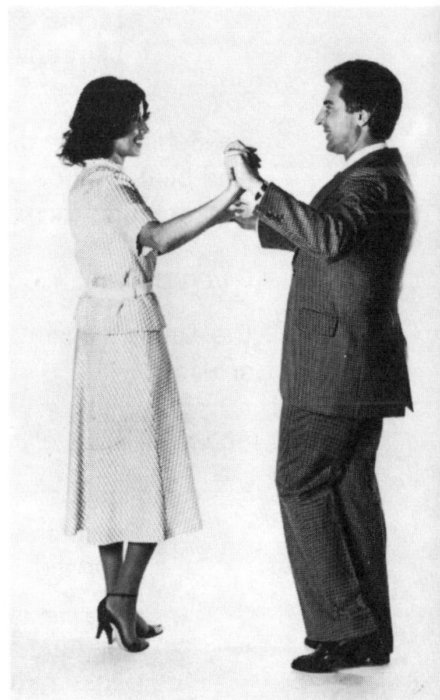

5. Schritt

Kick and Swivel

Schritt	*Fußstellung*	*Richtung der Bewegung*	*Fußarbeit*	*Rhythmus*
4	Kick mit rechtem Fuß	zur Mitte	über den Boden	schnell 1
5	rechter Fuß schließen swivel nach rechts	Front in Tanzrichtung in Gegenüberstellung auf diesem Schritt $^1/_8$ Rechtsdrehung	Ballen, flach	schnell 2
6	Gewichtsübertragung auf linken Fuß am Platz, Swivel nach links	Front in Tanzrichtung, in Gegenüberstellung auf diesem Schritt $^1/_4$ Linksdrehung	Ballen, flach	schnell 3
7	rechter Fuß seitwärts kleiner Schritt	Front in Tanzrichtung, $^1/_8$ Rechtsdrehung	Ballen, flach	schnell 4
8	linker Fuß fast schließen	Front in Tanzrichtung	Ballen, flach	und +
9	rechter Fuß seitwärts kleiner Schritt	Front in Tanzrichtung	Ballen, flach	schnell 1

Bei Schritt 1 führt der Herr die Dame mit der linken Hand. Bei den Schritten 3–6 sind beide Hände gefaßt. Bei Schritt 9 löst der Herr die rechte Hand. Es folgt Platzdrehung rechts und links.

Damenschritt

Die Dame beginnt mit einem Startschritt mit linkem Fuß seitwärts auf Taktschlag 1.

Schritt	*Fußstellung*	*Richtung der Bewegung*	*Fußarbeit*	*Rhythmus*
1	rechter Fuß vorwärts	Front zur Wand, $^1/_4$ Linksdrehung	Ballen, flach	schnell 2
2	Gewichtsübertragung auf linken Fuß am Platz	Rücken zur Mitte	Ballen, flach	schnell 3

Schritt	*Fußstellung*	*Richtung der Bewegung*	*Fußarbeit*	*Rhythmus*
3	rechter Fuß seitwärts (Stomp)	Front gegen die Tanzrichtung, über Schritte 2 und 3 $^1/_4$ Rechtsdrehung	Ballen, flach	schnell 4
4	Kick mit linkem Fuß	zur Mitte	über den Boden	schnell 1
5	linker Fuß schließen, Swivel nach links	Front gegen die Tanzrichtung, in Gegenüberstellung, auf diesem Schritt $^1/_8$ Linksdrehung	Ballen, flach	schnell 2
6	Gewichtsübertragung auf rechten Fuß am Platz, Swivel nach rechts	Front gegen die Tanzrichtung, in Gegenüberstellung, auf diesem Schritt $^1/_4$ Rechtsdrehung	Ballen, flach	schnell 3
7	linker Fuß seitwärts kleiner Schritt	Front gegen die Tanzrichtung, $^1/_8$ Linksdrehung	Ballen, flach	schnell 4
8	rechter Fuß fast schließen	Front gegen die Tanzrichtung	Ballen, flach	und +
9	linker Fuß seitwärts kleiner Schritt	Front gegen die Tanzrichtung	Ballen, flach	schnell 1

Bei Schritt 1 reicht die Dame dem Herrn die rechte Hand. Bei den Schritten 3–6 sind beide Hände gefaßt. Bei Schritt 9 löst die Dame die linke Hand. Es folgt Platzdrehung rechts und links, wobei die Dame zunächst die Schritte 6–10 und dann 1–5 tanzt.
Diese Schritte sind schlecht in einem Diagramm darzustellen. Deshalb lassen wir einige Fotos folgen.
Um den Cha-Cha-Cha möglichst abwechslungsreich zu gestalten, folgt noch eine Figur, bei der der Herr einen vollkommen anderen Schrittpart hat als die Dame.

Trennung – Damensolo – Ein- und Ausrollen

Herrenschritt

Der Herr beginnt mit einem Startschritt mit rechtem Fuß seitwärts auf Taktschlag 1.

Schritt	*Fußstellung*	*Richtung der Bewegung*	*Fußarbeit*	*Rhythmus*
1	linker Fuß rückwärts (Trennung)	gegen die Tanzrichtung, dabei rechte Hand lösen	Ballen, flach	schnell 2
2	Gewichtsübertragung auf rechten Fuß am Platz	Front in Tanzrichtung	Ballen, flach	schnell 3
3,4,5	tanze Wechselschritt, LF, RF, LF seitwärts	Front in Tanzrichtung	alle Schritte flach	schnell 4 und + schnell 1
6	rechter Fuß rückwärts	gegen die Tanzrichtung linke Hand heben (Damensolo)	Ballen, flach	schnell 2
7	Gewichtsübertragung auf linken Fuß am Platz	Front in Tanzrichtung, am Ende die Hände wechseln (Herr: rechte Hand, Dame: linke Hand)	Ballen, flach	schnell 3
8,9,10	tanze Wechselschritt RF, LF, RF seitwärts	Front in Tanzrichtung,	alle Schritte flach	schnell 4 und + schnell 1
11	linker Fuß rückwärts (Trennung)	gegen die Tanzrichtung	Ballen, flach	schnell 2
12	Gewichtsübertragung auf rechten Fuß am Platz	Front in Tanzrichtung	Ballen, flach	schnell 3

Schritt	*Fußstellung*	*Richtung der Bewegung*	*Fußarbeit*	*Rhythmus*
13, 14, 15	tanze Wechselschritt LF, RF, LF seitwärts (einrollen)	Front in Tanzrichtung dabei den rechten Arm seitlich ausstrecken	alle Schritte flach	schnell 4 und + schnell 1
16	rechter Fuß rückwärts	gegen die Tanzrichtung, Dame steht nun an der rechten Seite des Herrn	Ballen, flach	schnell 2
17	Gewichtsübertragung auf linken Fuß am Platz	Front in Tanzrichtung	Ballen, flach	schnell 3
18, 19, 20	tanze Wechselschritt RF, LF, RF seitwärts (ausrollen)	Front in Tanzrichtung	alle Schritte flach	schnell 4 und + schnell 1

Damenschritt

Die Dame beginnt mit einem Startschritt mit linkem Fuß seitwärts auf Taktschlag 1.

Schritt	*Fußstellung*	*Richtung der Bewegung*	*Fußarbeit*	*Rhythmus*
1	rechter Fuß rückwärts (Trennung)	in Tanzrichtung, dabei linke Hand lösen	Ballen, flach	schnell 2
2	Gewichtsübertragung auf linken Fuß am Platz	gegen die Tanzrichtung	Ballen, flach	schnell 3
3,4,5	tanze Wechselschritt RF, LF, RF seitwärts	Rücken in Tanzrichtung	alle Schritte flach	schnell 4 und + schnell 1

Schritt	*Fußstellung*	*Richtung der Bewegung*	*Fußarbeit*	*Rhythmus*
6	linker Fuß vorwärts (Damensolo)	zur Mitte auf diesem Schritt $^1/_4$ Rechtsdrehung	Ballen, flach	schnell 2
7	Gewichtsübertragung auf rechten Fuß am Platz	Körper dreht weiter nach rechts fast $^3/_4$ Drehung, am Ende Front zum Herrn, am Ende Hände wechseln (Dame: linke Hand, Herr: rechte Hand)	Ballen, flach	schnell 3
8,9,10	tanze Wechselschritt LF, RF, LF seitwärts	Rücken in Tanzrichtung	alle Schritte flach	schnell 4 und + schnell 1
11	rechter Fuß rückwärts	in Tanzrichtung	Ballen, flach	schnell 2

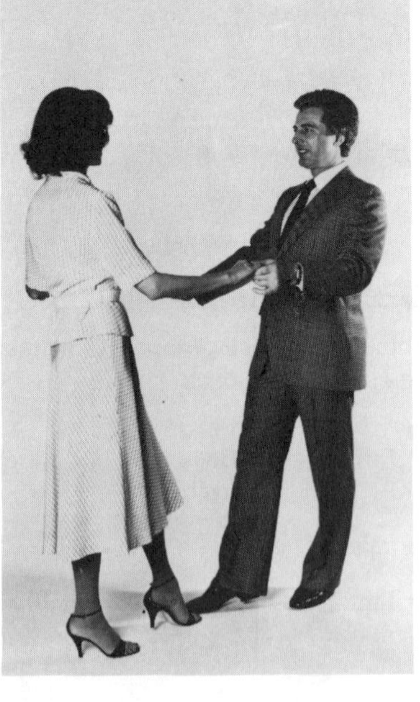

1. Schritt

6. Schritt

Ein- und Ausrollen

Schritt	Fußstellung	Richtung der Bewegung	Fußarbeit	Rhythmus
12	Gewichtsübertragung auf linken Fuß am Platz	gegen die Tanzrichtung	Ballen, flach	schnell 3
13,14, 15	tanze Wechselschritt RF, LF, RF linksdrehend in den Arm des Herrn (rechten Arm anheben)	Körper dreht nach links über 13,14,15 $^1/_2$ Drehung	alle Schritte flach	schnell 4 und + schnell 1
16	linker Fuß rückwärts	gegen die Tanzrichtung	Ballen, flach	schnell 2
17	Gewichtsübertragung auf rechten Fuß am Platz	Front in Tanzrichtung	Ballen, flach	schnell 3

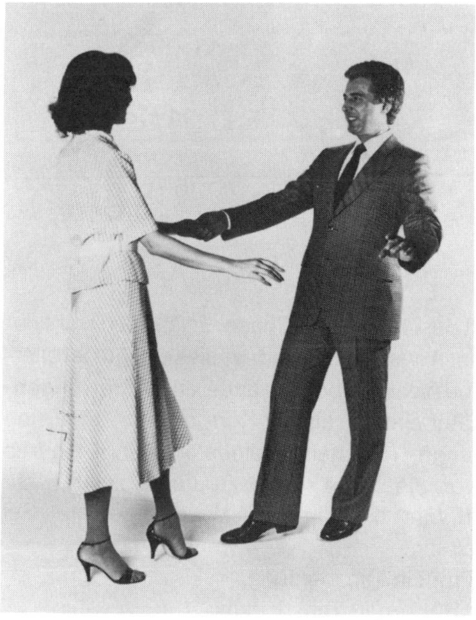

11. Schritt

16. Schritt

Ein- und Ausrollen

Schritt	Fußstellung	Richtung der Bewegung	Fußarbeit	Rhythmus
18, 19, 20	tanze Wechselschritt LF, RF, LF seitwärts drehend aus dem Arm des Herrn	Körper dreht nach rechts, über 18, 19, 20 ½ Drehung Ende Rücken in Tanzrichtung	alle Schritte flach	schnell 4 und + schnell 1

Nach dem Ausdrehen nehmen beide Partner wieder die Tanzhaltung ein.

Schritt-Diagramm der Trennung – Damensolo – Ein- und Ausrollen

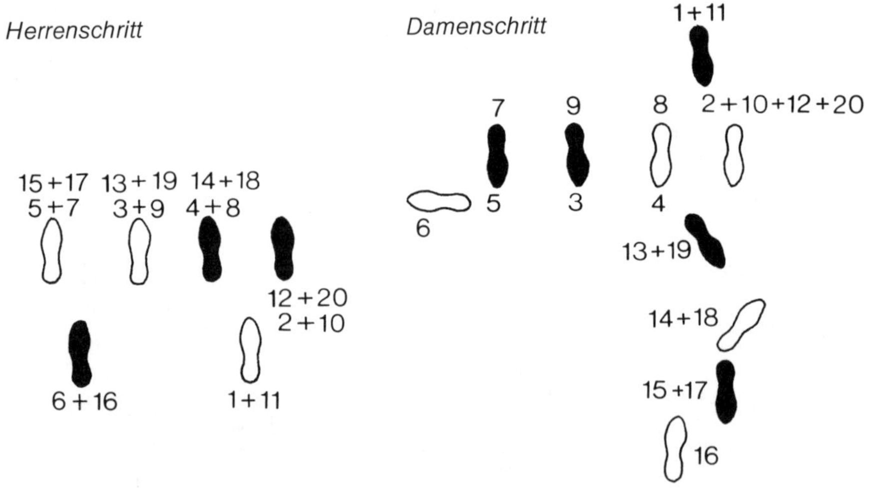

Eine weitere, gern getanzte Figur ist der Choo Choo Chase. Er läßt sich nicht nur gut tanzen, sondern sieht auch hübsch aus. Beim Erlernen dieser Figur ist allerdings darauf zu achten, daß die Dame nicht wie bei den anderen Figuren gegengleich tanzt, sondern einen Takt später einsetzt als der Herr, da der Choo Choo Chase zu den sogenannten Challenge- (das heißt Herausforderung) Figuren gehört. Der Herr tanzt einen Takt vor, die Dame schaut zu und tanzt ihn nach. Während der Herr die Figur antanzt, führt die Dame den Wiegeschritt aus. Bei dieser Figur hat man keine Tanzhaltung.

Ausgangsstellung: Der Herr mit Front in Tanzrichtung,
die Dame mit Rücken in Tanzrichtung.

Choo Choo Chase

Herrenschritt

Der Herr beginnt mit einem Startschritt mit rechtem Fuß seitwärts auf Taktschlag 1.

Schritt	*Fußstellung*	*Richtung der Bewegung*	*Fußarbeit*	*Rhythmus*
1	linker Fuß vorwärts	Front in Tanzrichtung, am Ende starke Körperdrehung nach rechts	Ballen, flach	schnell 2
2	rechten Fuß vorwärts belasten	Körper zeigt nun gegen die Tanzrichtung (Zwischen 1 und 2 $^1/_2$ Rechtsdrehung)	Ballen, flach	schnell 3
3,4,5	tanze Wechselschritt LF, RF, LF schräg vorwärts	Front gegen die Tanzrichtung	alle Schritte flach	schnell 4 und + schnell 1
6	rechter Fuß vorwärts	Front gegen die Tanzrichtung, am Ende starke Körperdrehung nach links	Ballen, flach	schnell 2
7	linken Fuß vorwärts belasten	Körper zeigt nun in Tanzrichtung (Zwischen 6 und 7 $^1/_2$ Linksdrehung)	Ballen, flach	schnell 3
8,9,10	tanze Wechselschritt RF, LF, RF schräg vorwärts	Front in Tanzrichtung	alle Schritte flach	schnell 4 und + schnell 1

Diese 10 Schritte werden wiederholt, so daß insgesamt 4 Takte ausgefüllt werden. Nach dem 4. Takt geht der Herr vorwärts in den Wiegeschritt, während die Dame ihre 4. Drehung ausführt. Danach wird wieder die Tanzhaltung eingenommen.

Schritt-Diagramm des Choo Choo Chase

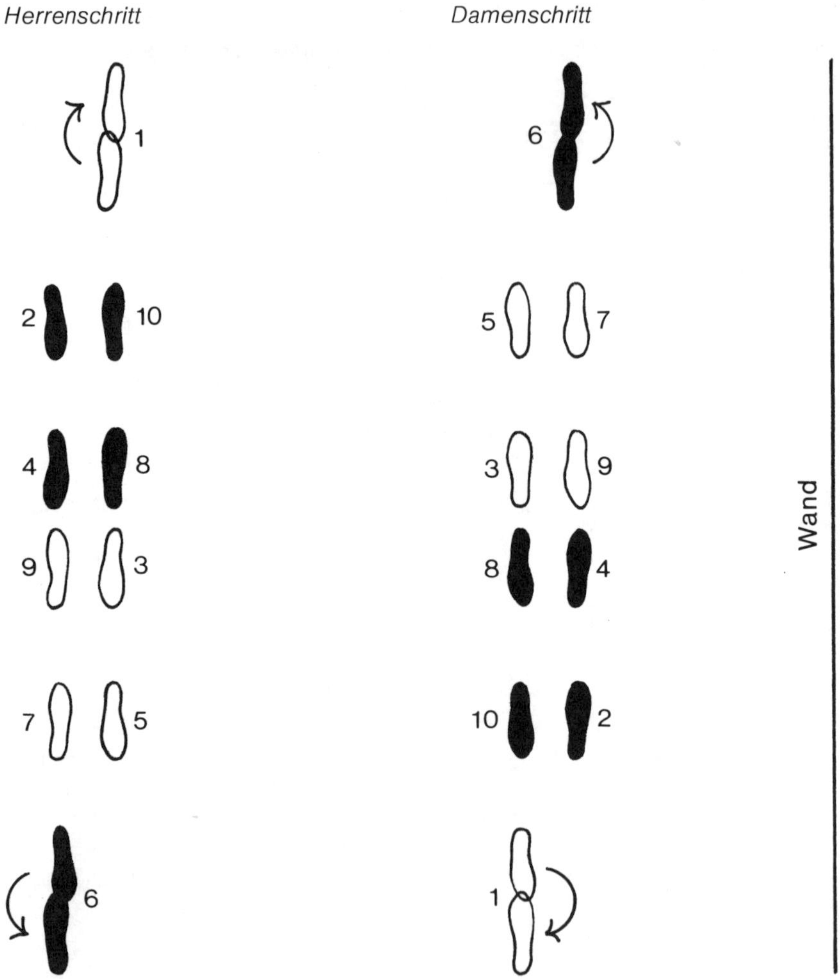

Damenschritt

Die Dame beginnt mit einem Startschritt mit linkem Fuß seitwärts auf Taktschlag 1. Während der Herr den Choo Choo Chase begonnen hat, tanzt die Dame bei seinem ersten Takt den Rückwärtsteil des Wiegeschrittes. Erst beim zweiten Takt des Herrn beginnt sie ihren ersten Takt. An diesem Punkt setzt also unsere

Beschreibung ein. Durch die Verschiebung ist die Dame, die ja auch vier Takte tanzen muß, einen Takt später fertig als der Herr. Dieser führt dann, beim vierten Takt der Dame, den Vorwärtsteil des Wiegeschrittes aus. Nach der 4. Drehung geht die Dame mit linkem Fuß vorwärts in den 6. Schritt des Wiegeschrittes und nimmt wieder die Tanzhaltung ein.

Schritt	*Fußstellung*	*Richtung der Bewegung*	*Fußarbeit*	*Rhythmus*
1	linker Fuß vorwärts	Front gegen die Tanzrichtung, am Ende starke Körperdrehung nach rechts	Ballen, flach	schnell 2
2	rechten Fuß vorwärts belasten	Körper zeigt nun in Tanzrichtung (Zwischen 1 und 2 $^1/_2$ Rechtsdrehung)	Ballen, flach	schnell 3

1. Schritt

2. Schritt

Choo Choo Chase

Schritt	*Fußstellung*	*Richtung der Bewegùng*	*Fußarbeit*	*Rhythmus*
3,4,5	tanze Wechselschritt LF, RF, LF schräg vorwärts	Front in Tanzrichtung	alle Schritte flach	schnell 4 und + schnell 1
6	rechter Fuß vorwärts	Front in Tanzrichtung am Ende starke Körperdrehung nach links	Ballen, flach	schnell 2
7	linken Fuß vorwärts belasten	Körper zeigt nun gegen die Tanzrichtung (Zwischen 6 und 7 $^{1}/_{2}$ Linksdrehung)	Ballen, flach	schnell 3

6. Schritt

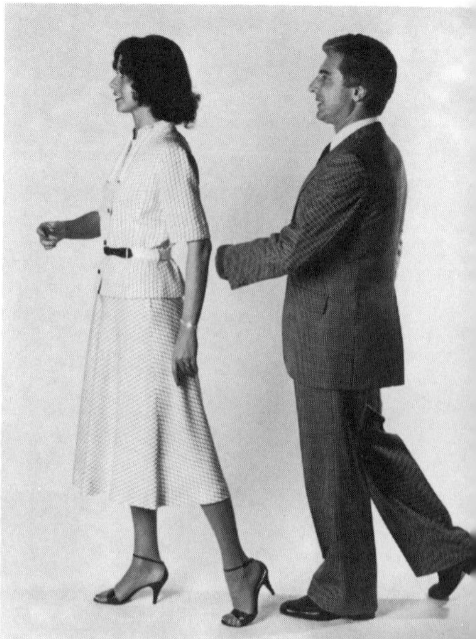

7. Schritt

Choo Choo Chase

Schritt	*Fußstellung*	*Richtung der Bewegung*	*Fußarbeit*	*Rhythmus*
8,9,10	tanze Wechselschritt RF, LF, RF schräg vorwärts	Front gegen die Tanzrichtung	alle Schritte flach	schnell 4 und + schnell 1

Diese 10 Schritte werden wiederholt, um auf 4 Takte zu kommen. Die Folge wird wie oben beschrieben fortgesetzt.
Der Choo Choo Chase kann stets nach einem vollständigen Wiegeschritt getanzt werden. Nach dieser Figur kann wiederum der Wiegeschritt folgen.

Wenn Sie alle Figuren des Cha-Cha-Cha einzeln beherrschen, können Sie diese auch aneinanderreihen. Als gute Figurenfolge hat sich ergeben:

2mal Wiegeschritt vor- und rückwärts	4 Takte
2mal Hand zu Hand	4 Takte
2mal Wiegeschritt vor- und rückwärts	4 Takte
1mal Kick and Swivel	2 Takte
1mal Platzdrehung rechts und links	2 Takte
1mal Trennung – Damensolo – Ein- und Ausrollen	4 Takte
1mal Choo Choo Chase	4 Takte

und wieder von Anfang.

Wenn Sie dieses Programm mit guter Figur beherrschen, können Sie sich schon als meisterhafte Tänzer fühlen. Ich habe Ihnen im Cha-Cha-Cha so viele Figuren beschrieben, weil meines Erachtens gerade dieser Tanz mit zu den beliebtesten gehört.

Der Paso doble

Der Paso doble zählt zu den lateinamerikanischen Tänzen, obwohl er ursprünglich ein spanischer Tanz ist. Seine Musik ist ein spanischer Marsch-Tanz. Sie steht im $^{2}/_{4}$-Takt und wird mit ungefähr 60 Takten in der Minute gespielt. Darüber hinaus gibt es noch Paso doble-Formen, die im $^{3}/_{4}$- oder $^{6}/_{8}$-Takt stehen, die aber für den Tänzer unbrauchbar sind.
Unter dem Paso doble versteht man sinngemäß die tänzerische Interpretation eines Stierkampfes. Der Herr tanzt den Torero. Die Dame stellt nicht etwa den Stier dar, sondern das rote Tuch, Muleta genannt, womit der Torero den Stier reizt. Die klassischen Tanzfiguren aus dem Paso doble sind tatsächlich auf Manöver zurückzuführen, die den Toreros in den Arenen beim Stierkampf abgesehen wurden. Doch solch kunstvolles Tanzen beabsichtigen wir nicht; es wäre auch zu kompliziert. Man muß sehr lange üben, bis in diesem Tanz eine gewisse Perfektion erreicht ist. Wir wollen uns mit einfachen Figuren begnügen, die Sie dann auch ziemlich sicher tanzen können. Fangen wir also mit der ersten Figur an.

Grundschritt am Platz (Sur place)

Es sind Schritte auf dem Fußballen, mit einem Gewichtswechsel von einem Fuß zum anderen ohne Fortbewegung. Man benutzt die Schritte ohne – oder mit – Rechts- oder Linksdrehung, um verschiedene Figuren miteinander zu verbinden. Jeder Taktschlag wird mit einem Schritt versehen. Der Herr beginnt rechts, die Dame links.
Es ist üblich, die Schritte so auszuführen, daß alle Figuren innerhalb einer musikalischen Phrase getanzt werden können (meist 4 oder 8 Takte).

Appell – Attacke – Seitschritt nach rechts

Getanzt wird wie bei den Standardtänzen in geschlossener Haltung auf Tuchfühlung.

Herrenschritt

Schritt	*Fußstellung*	*Richtung der Bewegung*	*Fußarbeit*	*Rhythmus*
1	mit rechtem Fuß am Platz aufstampfen (Appell)	Front in Tanzrichtung	flacher Fuß	lang 1
2	linker Fuß vorwärts (Attacke)	Körper beginnt nach links zu drehen	Ferse	lang 2
3	rechter Fuß seitwärts	Körper dreht weiter nach links	Ballen	lang 1
4	linker Fuß schließen	Front zeigt nun zur Mitte (Zwischen 1 und 4 $^1/_4$ Linksdrehung)	Ballen	lang 2

1. Schritt

2. Schritt

3. Schritt

Appell – Attacke – Seitschritt nach rechts

Schritt	*Fußstellung*	*Richtung der Bewegung*	*Fußarbeit*	*Rhythmus*	
5	rechter Fuß seitwärts	Front zur Mitte	Ballen	lang	1
6	linker Fuß schließen	Front zur Mitte	Ballen	lang	2
7	rechter Fuß seitwärts	Front zur Mitte	Ballen	lang	1
8	linker Fuß schließen	Front zur Mitte	Ballen	lang	2

Gewicht ist bei geschlossenen Füßen auf dem linken Fuß.
Alle Schritte in dieser Figur sind langsam, pro Taktschlag wird ein Schritt getanzt. Sie können die beschriebenen 8 Schritte ständig wiederholen. Nach viermal stehen Sie mit der Front in Tanzrichtung.

Damenschritt

Schritt	*Fußstellung*	*Richtung der Bewegung*	*Fußarbeit*	*Rhythmus*	
1	mit linkem Fuß am Platz aufstampfen (Appell)	Rücken in Tanzrichtung	flacher Fuß	lang	1
2	rechter Fuß rückwärts (Attacke)	Körper beginnt nach links zu drehen	Ballen	lang	2
3	linker Fuß seitwärts	Körper dreht weiter nach links	Ballen	lang	1
4	rechter Fuß schließen	Rücken zeigt nun zur Mitte (Zwischen 1 und 4 $^1/_4$ Linksdrehung)	Ballen	lang	2
5	linker Fuß seitwärts	Rücken zur Mitte	Ballen	lang	1

Schritt	*Fußstellung*	*Richtung der Bewegung*	*Fußarbeit*	*Rhythmus*	
6	rechter Fuß schließen	Rücken zur Mitte	Ballen	lang	2
7	linker Fuß seitwärts	Rücken zur Mitte	Ballen	lang	1
8	rechter Fuß schließen	Rücken zur Mitte	Ballen	lang	2

Schritt-Diagramm des Appell – Attacke – Seitschritt nach rechts

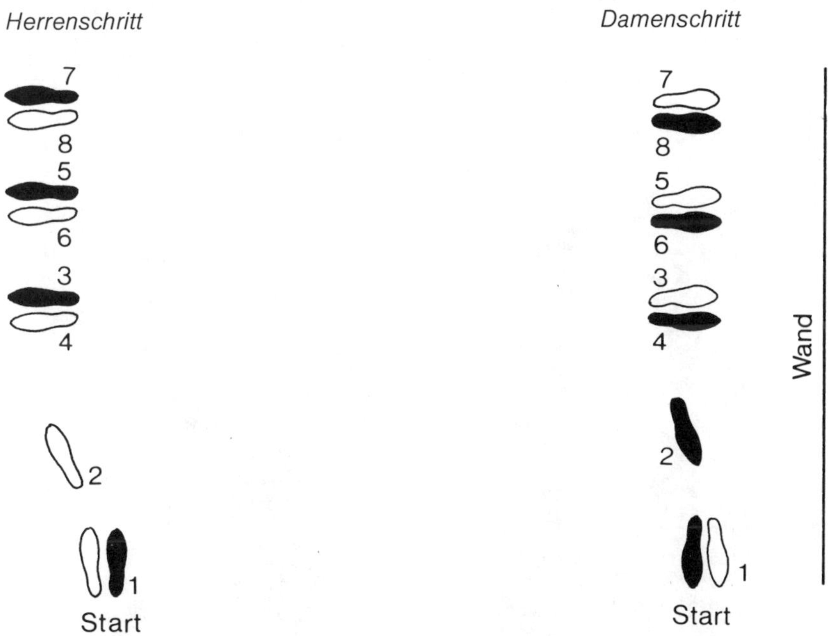

Eine weitere interessante Figur, die sehr gern getanzt wird, ist die Promenade. Sie erfordert schon, vor allen Dingen von der Dame, eine gewisse Wendigkeit. Diese Figur zieht sich genau wie die erste über vier Takte der Musik.

Promenade und Seitschritt nach rechts

Herrenschritt

Schritt	*Fußstellung*	*Richtung der Bewegung*	*Fußarbeit*	*Rhythmus*
1	mit rechtem Fuß am Platz aufstampfen (Appell)	Front in Tanzrichtung	flacher Fuß	lang 1
2	linker Fuß seitwärts und zur Promenadenstellung öffnen	Front in Tanzrichtung, Bewegung geht schräg zur Mitte	Ferse	lang 2
3	rechter Fuß vorwärts in Promenadenstellung	Front in Tanzrichtung, Bewegung geht schräg zur Mitte	Ferse	lang 1

2. Schritt

3. Schritt

Promenade

Schritt	*Fußstellung*	*Richtung der Bewegung*	*Fußarbeit*	*Rhythmus*	
4	linker Fuß vorwärts in Gegenüber-stellung	Front in Tanzrichtung	Ferse	lang	2
5	rechter Fuß seitwärts	Front in Tanzrichtung	Ballen	lang	1
6	linker Fuß schließen	Front in Tanzrichtung	Ballen	lang	2
7	rechter Fuß seitwärts	Front in Tanzrichtung	Ballen	lang	1
8	linker Fuß schließen	Front in Tanzrichtung	Ballen	lang	2

4. Schritt

5. und 7. Schritt

6. und 8. Schritt

Promenade

Schritt-Diagramm der Promenade und Seitschritt nach rechts

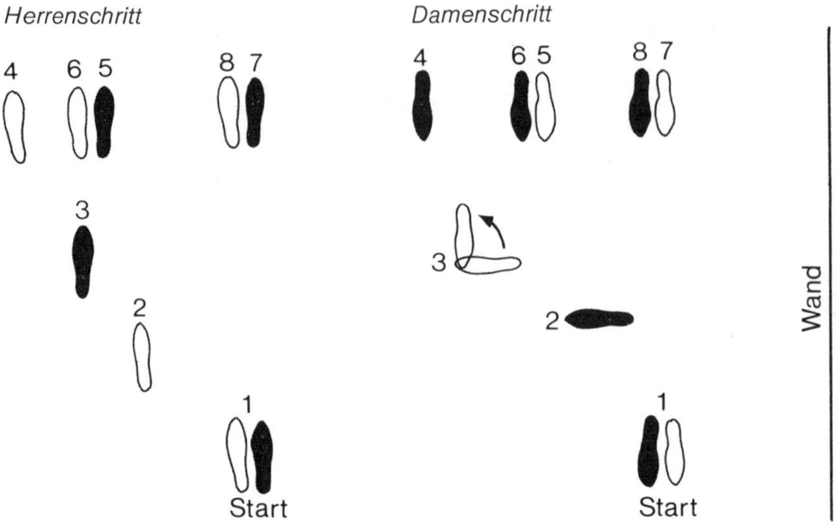

Damenschritt

Schritt	*Fußstellung*	*Richtung der Bewegung*	*Fußarbeit*	*Rhythmus*	
1	mit linkem Fuß am Platz aufstampfen (Appell)	Rücken in Tanzrichtung	flacher Fuß	lang	1
2	rechter Fuß seitwärts in Promenadenstellung öffnen	Front zur Mitte, Bewegung geht schräg zur Mitte (Zwischen 1 und 2 $^1/_4$ Rechtsdrehung)	Ferse	lang	2
3	linker Fuß vorwärts in Promenadenstellung	Front zur Mitte, Bewegung geht schräg zur Mitte, Körper beginnt nach links zu drehen	Ferse	lang	1

Schritt	*Fußstellung*	*Richtung der Bewegung*	*Fußarbeit*	*Rhythmus*	
4	rechter Fuß rückwärts	Rücken nun in Tanzrichtung (Zwischen 3 und 4 $^1/_4$ Linksdrehung)	Ballen, flach	lang	2
5	linker Fuß seitwärts	Rücken in Tanzrichtung	Ballen	lang	1
6	rechter Fuß schließen	Rücken in Tanzrichtung	Ballen	lang	2
7	linker Fuß seitwärts	Rücken in Tanzrichtung	Ballen	lang	1
8	rechter Fuß schließen	Rücken in Tanzrichtung	Ballen	lang	2

Auch diese Figur kann mehrmals hintereinander wiederholt werden.

Es ist möglich, statt des Seitschritt-Schrittes nach rechts eine Gegenpromenade zu tanzen. Dabei setzt der Herr beim 6. Schritt den linken Fuß über den rechten (Schritt 7 und 8: seit – schließ). Während dieser Gegenpromenade führt der Herr die Dame mit der erhobenen linken Hand in eine Linkssolodrehung (Schritt 5 und 6). Die Schritte 7 und 8: seit – schließ.

Eine gute Kombination ist folgende Reihenfolge:
4 Schritte Sur place,
4mal Appell – Attacke – Seitschritt nach rechts,
2mal Promenade mit Seitschritt nach rechts,
2mal Promenade mit Gegenpromenade (Linkssolodrehung der Dame).

Nun wünsche ich Ihnen viel Spaß beim Paso doble.

Der Blues

Die nun folgenden drei Tänze sind »Tänze nach Jazz«. Unter Blues versteht man in unserem heutigen tanztechnischen Sprachgebrauch den von der Musik her langsamsten Gesellschaftstanz. Vielleicht werden die Jazz-Fans protestieren und behaupten: Blues ist nicht immer langsam, Blues kann auch schnell sein! Die Fans haben natürlich recht. Denn Blues, in der Sprache der Musik, ist die Bezeichnung für eine bestimmt Stilart innerhalb des Jazz. Blues ist vielfach mit Gesang verbunden. Wer kennt nicht die großen Interpreten des Bluesgesangs Ella Fitzgerald, Louis Armstrong und andere?
Der Blues kam nach dem Ersten Weltkrieg nach Europa. Als Wesensmerkmal sah man das langsame Tempo an. Zu diesem schleppenden Tempo wurden nun Schrittkombinationen erdacht, die die langsame Musik zu einem Tanz machten.

Korrekte Haltung

Legere Haltung

Wenn man während eines Blues eine Tanfläche betrachtet, so wird man oft feststellen können, daß sie die Paare kaum fortbewegen. Sie bleiben fast auf der Stelle stehen und wiegen sich nur von einem Bein auf das andere. Dabei kann man dann auch sehr schlehte Tanzhaltungen beobachten. So getanzt, kann der Blues zum langweiligsten aller Tänze werden – aber nur, weil diese Tänzer oft nicht wissen, welche Schritte sie für diesen Tanz anzuwenden haben. Man versucht sich dann, wie immer, wenn man es nicht besser weiß, im »08-15-Einheitsschritt«. Die Tänzer sollten jedoch bestrebt sein, auch dem Blues ein eigenes Gesicht zu geben. Es gelingt jedoch nur, wenn man sich vollkommen über die charakteristischen Schritte und vor allen Dingen über die betreffende Musik im klaren ist.
Der Blues steht im $^4/_4$-Takt. Im Gegensatz zum Foxtrott, der ja auch im $^4/_4$-Takt steht, wird hier jedes Taktviertel ausgetanzt. Die Tanzhaltung im Blues ist je nach Neigung die von den Standardtänzen oder die der lateinamerikanischen Tänze.

Grundschritt

Ausgangsstellung: Der Herr mit der Front zur Wand.

Herrenschritt

Schritt	*Fußstellung*	*Richtung der Bewegung*	*Fußarbeit*	*Rhythmus*
1	rechter Fuß vorwärts	zur Wand	Ferse	schnell
2	linker Fuß seitwärts	Front zur Wand	Ballen, flach	schnell
3	Gewichtsübertragung auf rechten Fuß am Platz	Front zu Wand	Ballen, flach	schnell
4	Gewichtsübertragung auf linken Fuß am Platz	Front zur Wand	Ballen, flach	schnell

Schritt	Fußstellung	Richtung der Bewegung	Fußarbeit	Rhythmus
5	rechter Fuß rückwärts	zur Mitte	Ballen, flach	schnell
6	linker Fuß seitwärts	Rücken zur Mitte	Ballen, flach	schnell
7	Gewichtsübertragung auf rechten Fuß am Platz	Rücken zur Mitte	Ballen, flach	schnell
8	Gewichtsübertragung auf linken Fuß am Platz	Rücken zur Mitte	Ballen, flach	schnell

Dieser Grundschritt kann ständig wiederholt werden. Die Schritte 2, 3, 4 und 6, 7, 8 sind seitliche Wiegeschritte. Man sollte darauf achten, daß gerade bei diesen Schritten die Knie nicht zu steif sind.

Damenschritt

Schritt	Fußstellung	Richtung der Bewegung	Fußarbeit	Rhythmus
1	linker Fuß rückwärts	zur Wand	Ballen, flach	schnell
2	rechter Fuß seitwärts	Rücken zur Wand	Ballen, flach	schnell
3	Gewichtsübertragung auf linken Fuß am Platz	Rücken zur Wand	Ballen, flach	schnell
4	Gewichtsübertragung auf rechten Fuß am Platz	Rücken zur Wand	Ballen, flach	schnell
5	linker Fuß vorwärts	zur Mitte	Ferse	schnell

Schritt	Fußstellung	Richtung der Bewegung	Fußarbeit	Rhythmus
6	rechter Fuß seitwärts	Front zur Mitte	Ballen, flach	schnell
7	Gewichtsübertragung auf linken Fuß am Platz	Front zur Mitte	Ballen, flach	schnell
8	Gewichtsübertragung auf rechten Fuß am Platz	Front zur Mitte	Ballen, flach	schnell

Wenn der Rhythmus für jeden Schritt mit »schnell« angegeben wird, so gilt das natürlich nur für den wirklich langsamen Blues. Wird das Tempo der Musik etwas schneller, so kann man jeden Schritt langsam tanzen. Wer beide Rhythmen wechseln und kombinieren will, muß folgenden Rhythmus über alle acht Schritte anwenden: Langsam – schnell – schnell – langsam – langsam – schnell – schnell – langsam. Also den gleichen Rhythmus wie bei den Vierteldrehungen im Quickstep.
Damit dieser Schritt nicht zu eintönig wird, will ich Ihnen dazu eine kleine Drehung erklären.

Rechtsdrehung

Ausgangsstellung: Der Herr mit der Front zu Wand.

Herrenschritt

Schritt	Fußstellung	Richtung der Bewegung	Fußarbeit	Rhythmus
1	rechter Fuß vorwärts	zur Wand, Körper beginnt nach rechts zu drehen	Ferse	schnell
2	linker Fuß seitwärts	Körper dreht weiter nach rechts	Ballen, flach	schnell

Schritt	*Fußstellung*	*Richtung der Bewegung*	*Fußarbeit*	*Rhythmus*
3	rechter Fuß seitwärts kleiner Schritt	Körper dreht weiter nach rechts	Ballen, flach	schnell
4	linker Fuß seitwärts kleiner Schritt	Front zeigt nun gegen die Tanzrichtung (Zwischen 1 und 4 $^1/_4$ Rechtsdrehung)	Ballen, flach	schnell

Diese 4 Schritte werden dreimal wiederholt. Nach insgesamt 4 mal 4 Schritten muß man einmal ganz herumgekommen sein, da man pro Schritteil $^1/_4$ Rechtsdrehung tanzt. Der Herr soll den Drehansatz immer mit dem rechten Fuß vorwärts beginnen, die Dame muß demnach immer rückwärts ansetzen.

Damenschritt

Schritt	*Fußstellung*	*Richtung der Bewegung*	*Fußarbeit*	*Rhythmus*
1	linker Fuß rückwärts	zur Wand, Körper beginnt nun nach rechts zu drehen	Ballen, flach	schnell
2	rechter Fuß seitwärts	Körper dreht weiter nach rechts	Ballen, flach	schnell
3	linker Fuß seitwärts kleiner Schritt	Körper dreht weiter nach rechts	Ballen, flach	schnell
4	rechter Fuß seitwärts kleiner Schritt	Rücken zeigt nun gegen die Tanzrichtung (Zwischen 1 und 4 $^1/_4$ Rechtsdrehung)	Ballen, flach	schnell

Die zwei folgenden Diagramme sollen Ihnen wiederum helfen, eine besser Übersicht zu bekommen:

Grundschritt

Herrenschritt *Damenschritt*

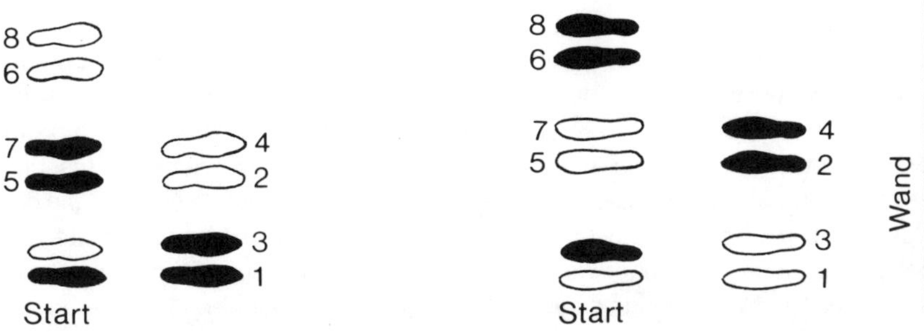

Rechtsdrehung

Herrenschritt *Damenschritt*

In einer Folge beider Figuren tanzt man am besten zweimal den Grundschritt und viermal die Rechtsdrehung. Nach der Rechtsdrehung beginnt der Herr wieder mit rechtem Fuß vorwärts. Bei diesem Tanz wird wohl niemand Schwierigkeiten haben. Er ist sehr einfach zu tanzen. Ich sage immer: Blues ist kein Tanz, sondern ein Zustand. Ich wünsche Ihnen, daß Sie sich beim Blues immer in einem glücklichen Zustand befinden.

Der Boogie

Der Boogie ist wie der Blues ein Tanz nach Jazz. Viele von Ihnen, meine Damen und Herren, welche die Zeit nach dem letzten Krieg bewußt erlebt haben, können sich sicherlich an die Namen Swing, Jitterbug und Rock'n' Roll erinnern. Schon damals tanzten die Fans dieser Tänze ihre Schritte mit einer Besessenheit, daß einem angst und bange wurde. Fast akrobatisch mutete es an, wenn die Dame über die Schulter geworfen wurde. Auch Hüftzüge waren nicht selten zu sehen. Jeder dieser Tänzer war glücklich, wenn er mit seiner Partnerin wieder einen neuen »Wurf« ausgeklügelt hatte. Neidvoll sahen ihnen die anderen zu. Daß dies nicht der Stil des Gesellschaftstanzes war, konnte wohl auch der am Rande stehende kritische Betrachter feststellen. Man suchte und fand eine Form, die den Boogie gesellschaftsfähig machte.
Was versteht man unter Boogie? Der Jazz-Kenner wird behaupten: Boogie gibt es nicht, es gibt nur einen Boogie-Woogie. Wie Blues ist auch Boogie-Woogie eine Bezeichnung für einen Musikstil innerhalb des Jazz, dem ein bestimmter Rhythmus zugrunde liegt. Diese Behauptung ist zweifelsohne richtig. Aber man tanzt die nachfolgend beschriebenen Figuren nicht nur nach der Musik des Boogie-Woogie, sondern auch nach Rock'n' Roll-Musik (Rock'n' Roll hat eine andere rhythmische Betonung) und nach der Musik eines sehr rhythmisch gespielten Foxtrott. Der Tänzer spricht deshalb heute nur einfach vom Boogie.
Boogie steht im $^4/_4$-Takt. Sein Grundrhythmus ist schnell – schnell – lang – lang. Dieser Rhythmus setzt vier Schritte voraus. Getanzt werden während dieser vier Schritte $1^1/_2$ Takte. Um den Boogie beweglicher zu gestalten, tanzt man bei dem vierten und sechsten Taktviertel einen Tap, das ist das unbelastete Heranziehen eines Fußes zum anderen.

Die Haltung

Die Partner stehen sich in geringem Abstand gegenüber. Der Herr zeigt mit der Front in Tanzrichtung, die Dame mit dem Rücken. Der Herr legt seine rechte Hand auf die Mitte des linken Schulterblattes der Dame; die Dame legt ihre linke Hand auf die rechte Schulter des Herrn. Der Herr faßt mit seiner linken Hand von außen die rechte Hand der Dame, so daß der Daumen auf dem Handrücken der Dame ruht. Das ist besonders wichtig, weil Sie bei dieser Handhaltung ein besseres Drehmoment bei Solodrehungen haben. Die gefaßten Hände befinden

sich in Hüfthöhe beider Partner. Ein große Hilfe für die Führung ist es, wenn die Arme von beiden Partnern leicht angespannt sind, jedoch dürfen Sie niemals mit Kraft in den Armen tanzen. Es würde zu anstrengend sein und die Führung behindern.
Schauen Sie sich die Haltung einmal auf Seite 140 an.

Nun folgt die erste Figur des Boogie.

Grundschritt

Herrenschritt

Schritt	*Fußstellung*	*Richtung der Bewegung*	*Fußarbeit*	*Rhythmus*
1	linker Fuß hinter rechten Fuß kreuzen	Front zeigt schräg zur Mitte, Bewegung geht zur Wand, auf diesem Schritt $^1/_8$ Linksdrehung	Ballen	schnell
2	rechter Fuß vorwärts belasten	Front zeigt schräg zur Mitte, Bewegung geht zur Mitte	flach	schnell
3	linker Fuß seitwärts, dann rechter Fuß schließen ohne Gewicht (Tap)	Front zeigt nun in Tanzrichtung, auf diesem Schritt $^1/_8$ Rechtsdrehung bis zur Gegenüberstellung	linker Fuß: flach rechter Fuß: Spitze	lang und
4	rechter Fuß seitwärts, dann linker Fuß schließen ohne Gewicht (Tap)	Front zeigt in Tanzrichtung	rechter Fuß: flach linker Fuß: Spitze	lang und

Aus der Position des vierten Schrittes tanzt man bei der Wiederholung des Grundschrittes mit dem linken Fuß sofort rückwärts hinter den rechten kreuzend. Obwohl der Rhythmus schnell – schnell – lang – lang ist, tanzt man jeden Schritt oder jede Fußbewegung (Tap) über einen Taktteil. Für den Grundschritt stehen sechs Taktteile zur Verfügung, die wie folgt aufgeteilt werden:

1. Schritt 1 Teil; 2. Schritt 1 Teil; 3. Schritt 2 Teile; 4. Schritt 2 Teile. Aus diesem Grund zählt man schnell – schnell – lang-und – lang-und, um den Tap ebenfalls rhythmisch zu erfassen.

Schritt-Diagramm

Herrenschritt *Damenschritt*

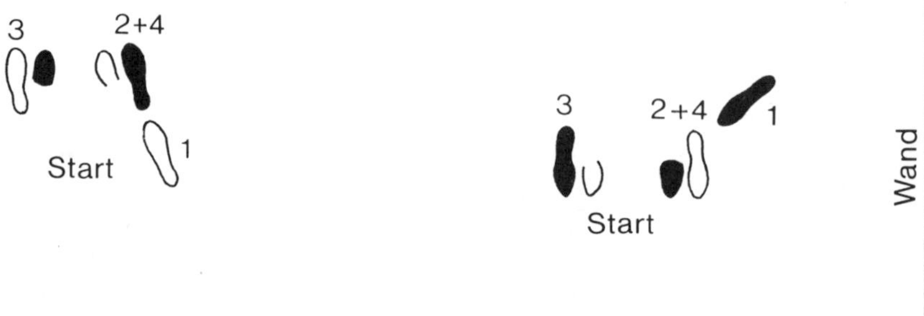

Haltung
Linke Hand
unten

Grundschritt
Rück-Vor
1. Schritt

Linker Fuß
seitwärts
3. Schritt

Damenschritt

Schritt	*Fußstellung*	*Richtung der Bewegung*	*Fußarbeit*	*Rhythmus*
1	rechter Fuß hinter linken Fuß kreuzen	Front zeigt schräg zur Mitte gegen die Tanzrichtung, Bewegung geht zur Wand, auf diesem Schritt $^1/_8$ Rechtsdrehung	Ballen	schnell
2	linker Fuß vorwärts belasten	Front zeigt schräg zur Mitte gegen die Tanzrichtung, Bewegung geht zur Mitte	flach	schnell

Tap
3. Schritt

Rechter Fuß
seitwärts
4. Schritt

Tap
4. Schritt

Schritt	*Fußstellung*	*Richtung der Bewegung*	*Fußarbeit*	*Rhythmus*
3	rechter Fuß seitwärts, dann linken Fuß schließen ohne Gewicht (Tap)	Rücken zeigt nun in Tanzrichtung, auf diesem Schritt $^1/_8$ Linksdrehung bis zur Gegenüberstellung	rechter Fuß: flach linker Fuß: Spitze	lang und
4	linker Fuß seitwärts, dann rechten Fuß schließen ohne Gewicht (Tap)	Rücken zeigt in Tanzrichtung	linker Fuß: flach rechter Fuß: Spitze	lang und

Damensolo

Wenn Sie den Grundschritt sicher beherrschen, wird Sie wahrscheinlich die am meisten getanzte Figur interessieren: das Damensolo. Wie bei allen Damensolodrehungen tanzt der Herr seinen Grundschritt weiter, hat also keine besonderen Aufgaben mit den Füßen zu lösen. Er richtet deshalb sein Augenmerk auf die Führung; denn die Dame kann sich nur drehen, wenn der Herr ihr das anzeigt. Wie führt nun der Herr die Dame ins Solo, und was für Schritte tanzt er dabei? Nach dem Ansetzen des dritten Schrittes vom Grundschritt hebt der Herr seine linke Hand so hoch, daß die Dame unter den gefaßten Händen bequem hindurchdrehen kann. Gleichzeitig gibt er der Dame eine Führung mit der rechten Hand, so daß sie nach rechts drehen kann. Der Einfachheit halber zeige ich wieder eine Reihe von Fotos, aus denen Sie die einzelnen Positionen ersehen können.

Beim Damensolo braucht der Herr nicht unbedingt den Tap zu tanzen. Die Dame dreht zunächst nach rechts, wobei sie sich vom Herrn wegbewegt, und danach linksherum, um wieder zum Herrn zu gelangen; der Herr muß während dieser Aktion zwei Grundschritte am Platz tanzen. Der Herrenpart ist also gleich dem Grundschritt, deshalb beschreibe ich nur den Damenschritt.

Zur Sicherheit gebe ich Ihnen noch zusätzlich das Schritt-Diagramm des Damenschrittes:

Schritt-Diagramm vom Damensolo

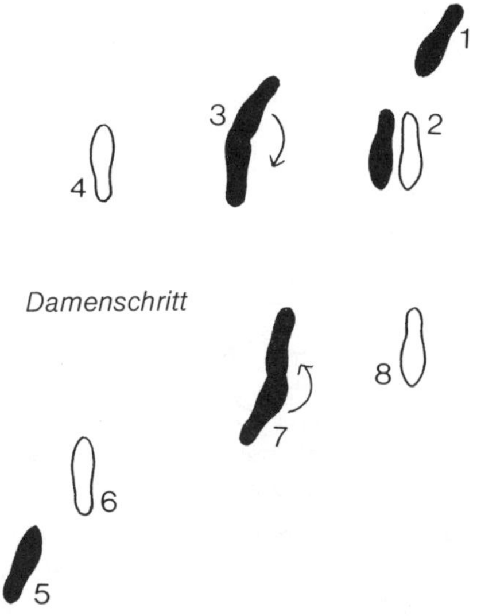

1. Schritt *2. Schritt* *3. Schritt*

Damensolo

Damenschritt

Schritt	*Fußstellung*	*Richtung der Bewegung*	*Fußarbeit*	*Rhythmus*
1	rechten Fuß hinter den linken kreuzen	Rücken schräg zur Wand, auf diesem Schritt $^1/_8$ Rechtsdrehung	Ballen	schnell
2	linken Fuß vorwärts belasten	Front schräg zur Mitte gegen die Tanzrichtung	flach	schnell
3	rechten Fuß schräg vorwärts unter den gefaßten Händen drehen	auf die linke Seite des Herrn zu bewegen, auf dem 2. Taktschlag $^3/_8$ Rechtsdrehung	flach	lang und
4	linker Fuß seitwärts	mit dem Herrn Seite an Seite auf einer Linie auf Abstand stehen	flach	lang und

4. Schritt

5. Schritt

Damensolo

Schritt	*Fußstellung*	*Richtung der Bewegung*	*Fußarbeit*	*Rhythmus*
5	rechten Fuß hinter den linken kreuzen	Rücken gegen die Tanzrichtung	Ballen	schnell
6	linken Fuß vorwärts belasten	Front in Tanzrichtung	flach	schnell
7	rechten Fuß schräg vorwärts unter den gefaßten Händen drehen	vor dem Herrn tanzen, auf dem 2. Taktschlag $^1/_2$ Linksdrehung	flach	lang und
8	linker Fuß seitwärts	mit der Front zum Herrn drehen, nun wieder normale Tanzhaltung	flach	lang und

6. Schritt

7. Schritt

8. Schritt

Damensolo

Trennung (Through away)

Eine weitere beliebte Figur ist eine andere Art von Trennung, wobei die Dame nicht unter den erhobenen Händen dreht, sondern bei nach unten gehaltenen gefaßten Händen seitlich wegtanzt.

Herrenschritt

Der Herr tanzt auch bei dieser Figur seinen Grundschritt am Platz, nur die Führung ändert sich. Er legt beim dritten Schritt seine linke Hand nach unten gestreckt an seine linke Körperseite, um so der Dame einen Drehpunkt zu geben. Mit dem vierten Schritt streckt er den linken Arm seitlich aus, um die Dame in die Trennung zu führen. Beim dritten Schritt des folgenden Grundschrittes gibt er der Dame mit der linken Hand eine Führung nach vorn und läßt sie gleich los, damit sie die Schritte 7 und 8 des Damensolos frei drehen kann. Am Ende steht die Dame wieder vor dem Herrn, beide haben wieder normale Tanzhaltung.

Damenschritt

Schritt	*Fußstellung*	*Richtung der Bewegung*	*Fußarbeit*	*Rhythmus*
1	rechten Fuß hinter linken kreuzen	Rücken schräg zur Wand, auf diesem Schritt $^1/_8$ Rechtsdrehung	Ballen	schnell
2	linken Fuß vorwärts belasten	Front schräg zur Mitte gegen die Tanzrichtung	flach	schnell und
3	rechter Fuß schräg vorwärts auf die linke Seite des Herrn zu	Front schräg zur Mitte gegen die Tanzrichtung, auf dem 2. Taktschlag $^5/_8$ Linksdrehung	flach	lang und
4	linker Fuß seitwärts	mit dem Herrn Seite an Seite auf einer Linie auf Abstand stehen	flach	lang und

5, 6, 7, 8 sind die gleichen Schritte wie beim Damensolo mit dem Unterschied, daß hier die Schritte freihändig von der Dame getanzt werden. Am Ende nehmen beide wieder die normale Tanzhaltung ein.

Schritt-Diagramm vom Through away

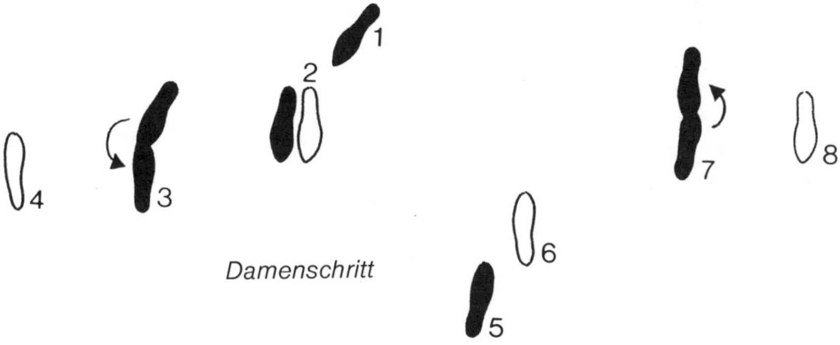

Damenschritt

3. Schritt

4. Schritt

Trennung

Seite an Seite (Side by Side)

Darunter versteht man, daß zwischen dem 4. und 5. Schritt der Trennung Grundschritte getanzt werden, wobei beide Partner in eine Richtung schauen. Ich empfehle zwei Schritte.

Damit Sie einen besseren Überblick bekommen, will ich Ihnen auch dazu ein Schritt-Diagramm zeichnen.

1. Schritt

2. Schritt

Seite an Seite

Schritt-Diagramm vom Side by Side

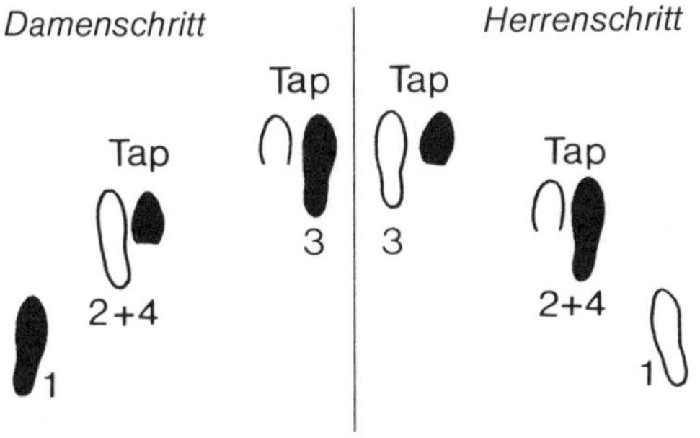

Bei den bisherigen Variationen hat die Dame mehr oder weniger allein die größeren Aktionen auszuführen; denn der Herr tanzt ja nur den Grundschritt. Bei der folgenden Figur soll nun auch der Herr »seinen« Schritt bekommen. Es handelt sich hierbei um einen Platzwechsel, verbunden mit einem Handwechsel. Als Einleitung tanzt man den ersten Teil des Damensolos und endet Front zu Front die Dame in der Mitte. Bei dieser Postition beginnt unsere Beschreibung.

3. Schritt

4. Schritt

Seite an Seite

Platzwechsel (Handwechsel)

Herrenschritt

Schritt	*Fußstellung*	*Richtung der Bewegung*	*Fußarbeit*	*Rhythmus*
1	linker Fuß rückwärts, linke Hand hält rechte Hand der Dame	Rücken zur Wand	Ballen	schnell
2	rechten Fuß vorwärts belasten, linke Hand hält rechte Hand der Dame	Front zur Mitte	flach	schnell
3	linker Fuß vorwärts, links an der Dame vorbei, mit der rechten Hand die Rechte der Dame fassen	Front zur Mitte, Körper beginnt nach links zu drehen	flach	lang und
4	rechten Fuß schräg rückwärts, dabei mit rechter Hand die Rechte der Dame hinter dem Rücken in die Linke geben	Körper dreht weiter nach links, am Ende mit der Front zur Wand (Zwischen 3 und 4 $1/2$ Linksdrehung)	flach	lang und

Die gleichen vier Schritte werden noch einmal getanzt, so daß beide Partner, die jetzt ihre Plätze vertauscht hatten, auf den eigenen Platz zurück gelangen. Um nach der getrennten Position die normale Tanzhaltung in Gegenüberstellung zu erreichen, tanzt man nach dem zweiten Platzwechsel die Schritte 5, 6, 7, 8 des Damen-Solos.

Schritt-Diagramm (Platzwechsel)

Herrenschritt *Damenschritt*

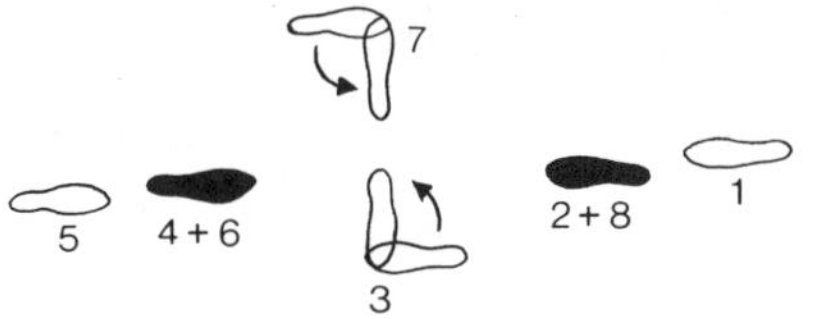

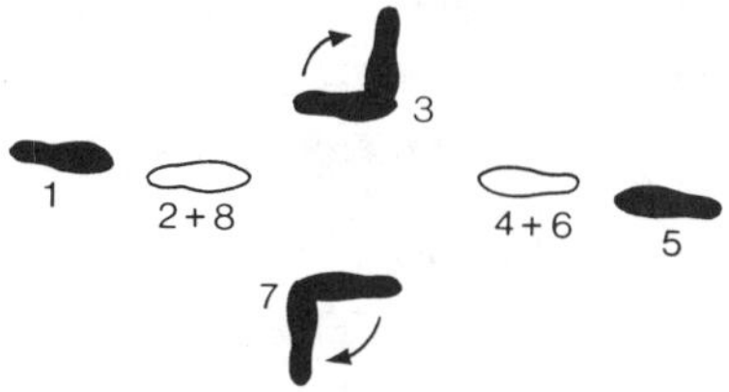

1. Schritt

3. Schritt

Platzwechsel

Damenschritt

Schritt	*Fußstellung*	*Richtung der Bewegung*	*Fußarbeit*	*Rhythmus*
1	rechter Fuß rückwärts	Rücken zur Mitte	Ballen	schnell
2	linken Fuß vorwärts belasten	Front zur Wand	flach	schnell
3	rechter Fuß vorwärts, links am Herrn vorbei	Front zur Wand, Körper beginnt nach rechts zu drehen	flach	lang und
4	linker Fuß schräg rückwärts	Körper dreht weiter nach rechts, am Ende mit der Front zur Mitte (Zwischen 3 und 4 $^1/_2$ Rechtsdrehung)	flach	lang und

Ich habe im Boogie drei Variationen beschrieben. Wenn Sie den Grundschritt mitzählen, kennen Sie vier Figuren. Als beste Reihenfolge für die Verbindung der einzelnen Schritte hat sich erwiesen:

1. 2 Grundschritte, danach das Damensolo.
2. 2 Grundschritte, dann die Trennung und 2mal Side by Side. Danach wieder auf den Platz zurück mit dem zweiten Teil des Damensolos freihändig.
3. 2 Grundschritte, dann den ersten Teil des Damensolos. Danach 2mal den Platzwechsel mit Handwechsel und mit dem zweiten Teil des Damensolos wieder auf den Platz zurück.

Üben Sie diesen Tanz besonders gut. Man kann die Figuren vom Boogie auch bei schnellerer Foxtrott-Musik und auch bei schneller Beat-Musik tanzen, wie recht häufig zu sehen ist. Nun, Sie können sicherlich selbst entscheiden, was für Schritte Sie bei welchen Rhythmen tanzen wollen.
Ich wünsche Ihnen viel Spaß beim Boogie, der auch mir sehr gut gefällt.

Der Jive

Jive, ein neuer Tanz? Keineswegs. Der Name ist die international gebräuchliche Bezeichnung für eine Boogieform mit Musik, die im Tempo zwischen Blues und Boogie liegt. Vielleicht haben Sie früher schon einmal etwas vom Blues-Boogie gehört. Gemeint ist derselbe Tanz. Der Amerikaner sagt dazu: American Swing. Man kann wohl behaupten, daß der Jive die schickste Boogieform ist, wenn er gut getanzt wird. Aber das ist vor allem eine Frage der Übung.
Auch die Variationen dieses Tanzes, zum Beispiel *Kette und Peitsche* oder *Amerikanischer Kreisel* oder *Stop and Go* haben viel zu seiner Popularität beigetragen. Die deutschen Professionals haben den Jive seit 1968 in ihr Turnierprogramm der lateinamerikanischen Tänze aufgenommen, das jetzt aus Rumba, Samba, Cha-Cha-Cha, Paso doble und Jive besteht. Von diesen Tänzen kommt der Jive so gut an, weil er spritzig und voller Lebensfreude ist, und weil man ihn ein wenig komisch darstellen kann.
Was ist der Unterschied zwischen Boogie und Jive? Zunächst ist, wie gesagt, die Musik im Jive ein bißchen langsamer als im Boogie. Weil durch das langsamere Tempo der Rhytmus des Boogiegrundschrittes zu langweilig wird, tanzt man immer dann, wenn im Boogie ein langsamer Schritt wäre, im Jive einen Wechselschritt, der aus drei kleinen Seitwärtsschritten besteht. So haben wir einen Wechselschritt nach links, dem ein Wechselschritt nach rechts folgt. Unterbrochen werden diese beiden zusammenhängenden Wechselschritte durch das Rück-Vor, welches vom Herrn mit LF und RF und von der Dame mit RF und LF ausgeführt wird. Dieser Wechselschritt ist eine Cha-Cha-Cha-ähnliche Bewegung. Die Knie sind dabei leicht gebeugt und die Bewegung wird ein wenig »gebounct«, das heißt man wippt mit den Knien nach.
Jive steht im $^4/_4$-Takt. Sein Tempo ist zwischen 36 und 42 Takten in der Minute. Jeder schnelle Schritt wird über einen Taktteil getanzt. Schnelle Schritte sind die ersten beiden Schritte des Grundschrittes. Der Wechselschritt wird über zwei Taktteile getanzt, so daß auf den ersten Taktteil zwei Schritte passen müssen. Insgesamt benötigt der Grundschritt für Rück-Vor und seine beiden Wechselschritte $1^1/_2$ Takte.

Im Jive wird die gleiche Tanzhaltung eingenommen wie in den anderen lateinamerikanischen Tänzen.

Grundschritt

Herrenschritt

Schritt	*Fußstellung*	*Richtung der Bewegung*	*Fußarbeit*	*Rhythmus*
1	linken Fuß hinter den rechten kreuzen	Front in Tanzrichtung, Bewegung geht zur Wand	Ballen	schnell
2	rechten Fuß vorwärts belasten	Front in Tanzrichtung, Bewegung geht zur Mitte	flach	schnell
3	linker Fuß seitwärts	Front in Tanzrichtung	flacher Ballen	schnell
4	rechten Fuß halbwegs schließen	Front in Tanzrichtung	flacher Ballen	und
5	linker Fuß seitwärts	Front in Tanzrichtung	flacher Ballen	schnell
6	rechter Fuß seitwärts	Front in Tanzrichtung	flacher Ballen	schnell
7	linker Fuß halbwegs schließen	Front in Tanzrichtung	flacher Ballen	und
8	rechter Fuß seitwärts	Front in Tanzrichtung	flacher Ballen	schnell

Damenschritt

Schritt	*Fußstellung*	*Richtung der Bewegung*	*Fußarbeit*	*Rhythmus*
1	rechten Fuß hinter den linken kreuzen	Rücken in Tanzrichtung, Bewegung geht zur Wand	Ballen	schnell

Schritt	*Fußstellung*	*Richtung der Bewegung*	*Fußarbeit*	*Rhythmus*
2	linken Fuß vorwärts belasten zur Mitte	Rücken in Tanzrichtung, Bewegung geht	flach	schnell
3	rechter Fuß seitwärts	Rücken in Tanzrichtung	flacher Ballen	schnell
4	linken Fuß halbwegs schließen	Rücken in Tanzrichtung	flacher Ballen	und
5	rechter Fuß seitwärts	Rücken in Tanzrichtung	flacher Ballen	schnell
6	linker Fuß seitwärts	Rücken in Tanzrichtung	flacher Ballen	schnell
7	rechten Fuß halbwegs schließen	Rücken in Tanzrichtung	flacher Ballen	und
8	linker Fuß seitwärts	Rücken in Tanzrichtung	flacher Ballen	schnell

Nach dem achten Schritt kann gleich wieder mit dem ersten Schritt begonnen werden, ohne die Füße geschlossen zu haben. Es ist darauf zu achten, daß die Schritte des Wechselschrittes sehr klein, fast auf der Stelle, getanzt werden.

Schritt-Diagramm vom Grundschritt

Herrenschritt

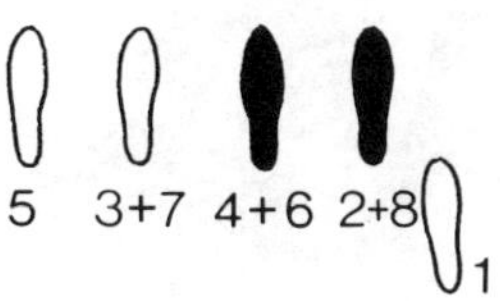

Damenschritt

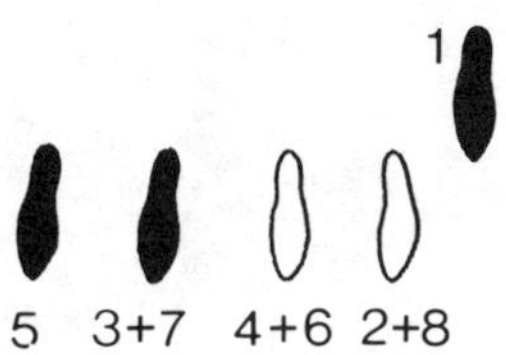

Wer diesen Grundschritt rhythmisch einwandfrei kann, sollte einmal versuchen, den Grundrhythmus des Jive auf alle Figuren des Boogie zu übertragen. Sie können also alle Boogiefiguren im Jive-Rhythmus tanzen. Allerdings wird man am Ende der Variationen einander wohl gegenüber, aber dennoch etwas auseinander stehen, bedingt durch die Wechselschritte. Deshalb hat der Jive eine Schrittverbindung, die beide Partner wieder zusammenführt. Es ist der

Kette und Peitsche (Link and Whip)

Herrenschritt

Ausgangsstellung: Beide Partner stehen sich auf Abstand gegenüber, der Herr mit Front in Tanzrichtung, die Dame mit Rücken in Tanzrichtung.

1. Schritt

5. Schritt

Kette und Peitsche

Schritt	Fußstellung	Richtung der Bewegung	Fußarbeit	Rhythmus
1	linker Fuß rückwärts	Front in Tanzrichtung, Bewegung gegen die Tanzrichtung	Ballen	schnell
2	rechten Fuß vorwärts belasten	Front in Tanzrichtung	flach	schnell
3	linker Fuß vorwärts	Front in Tanzrichtung	flacher Ballen	schnell
4	rechten Fuß halbwegs zum linken schließen	Front in Tanzrichtung	flacher Ballen	und
5	linker Fuß vorwärts, die Tanzhaltung einnehmen	Front in Tanzrichtung	flacher Ballen	schnell

6. Schritt

7. Schritt

8. Schritt

Kette und Peitsche

Schritt	Fußstellung	Richtung der Bewegung	Fußarbeit	Rhythmus
6	rechten Fuß gut hinter den linken kreuzen	Körper dreht stark nach rechts	Ballen	schnell
7	linker Fuß schräg vorwärts	Körper dreht weiter stark nach rechts	flacher Ballen	schnell
8	rechter Fuß seitwärts	Körper dreht weiter nach rechts	flacher Ballen	schnell
9	linken Fuß halbwegs schließen	Körper dreht weiter nach rechts	flacher Ballen	und
10	rechter Fuß seitwärts	Front in Tanzrichtung (Zwischen 6 und 10 eine ganze Rechtsdrehung)	flacher Ballen	schnell

9. Schritt

10. Schritt

Kette und Peitsche

Damenschritt

Schritt	*Fußstellung*	*Richtung der Bewegung*	*Fußarbeit*	*Rhythmus*
1	rechter Fuß rückwärts	Rücken in Tanzrichtung	Ballen	schnell
2	linken Fuß vorwärts belasten	Front gegen die Tanzrichtung	flach	schnell
3	rechter Fuß vorwärts	Front gegen die Tanzrichtung	flacher Ballen	schnell
4	linker Fuß halbwegs zum rechten schließen	Front gegen die Tanzrichtung	flacher Ballen	und
5	rechter Fuß vorwärts, die Tanzhaltung einnehmen	Front gegen die Tanzrichtung	flacher Ballen	schnell
6	linker Fuß schräg vorwärts	Körper dreht stark nach rechts	flacher Ballen	schnell
7	rechter Fuß vorwärts über den linken kreuzen	Körper dreht weiter stark nach rechts	flacher Ballen	schnell
8	linker Fuß seitwärts	Körper dreht weiter nach rechts	flacher Ballen	schnell
9	rechter Fuß halbwegs schließen	Körper dreht weiter nach rechts	flacher Ballen	und
10	linker Fuß seitwärts	Rücken in Tanzrichtung (Zwischen 6 und 10 eine ganze Rechtsdrehung)	flacher Ballen	schnell

Es ist darauf zu achten, daß die Schritte 6, 7, 8, 9, 10 einen Kreis bilden, wobei der Herr den kleineren Innenkreis tanzt, während die Dame den Außenkreis größer tanzen muß.

Schritt-Diagramm vom Link and Whip

Herrenschritt *Damenschritt*

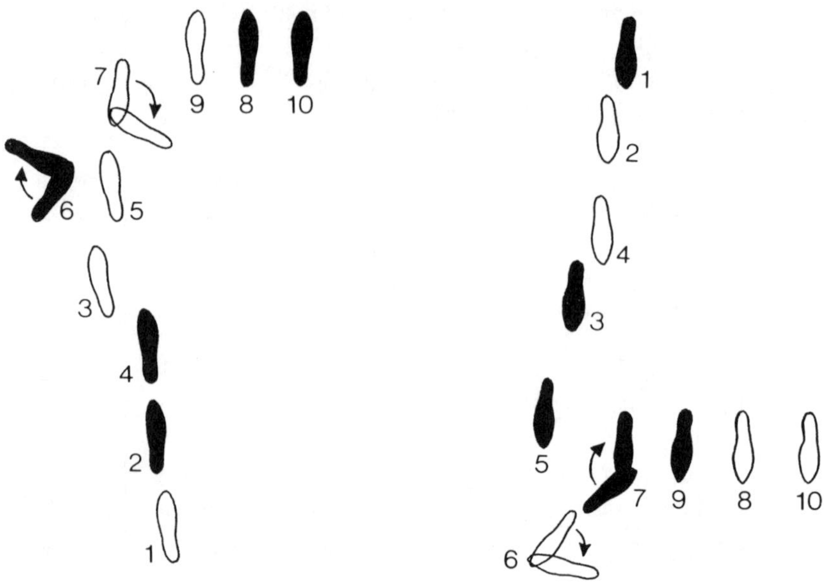

Nach zwei Grundschritten ist die erste Figur das Damensolo nach rechts und nach links. Die Dame sollte die Hauptdrehung immer auf dem dritten Schritt des ersten Wechselschrittes tanzen. Das Damensolo endet dann gegenüber, so daß man sofort Link and Whip anhängen kann. Mit dem Link and Whip endet im Jive sozusagen jeder Figur.
Für Fortgeschrittene erkläre ich noch zwei weitere Variationen, die allerdings nicht leicht zu tanzen sind.

Amerikanischer Kreisel (American Spin)

Als Einleitungsfigur wählen wir nach zwei Grundschritten den ersten Teil des Damensolos. Es wird hier ohne Tanzhaltung getanzt, damit der Herr am Ende des Solos der Dame für die richtige Führung die rechte Hand reichen kann bei Gegenüberstellung.

Ausgangsstellung: Beide Partner stehen sich auf Abstand gegenüber, der Herr hält mit seiner rechten Hand die Rechte der Dame, die Dame steht in der Mitte.

Herrenschritt

Schritt	*Fußstellung*	*Richtung der Bewegung*	*Fußarbeit*	*Rhythmus*
1	linker Fuß rückwärts	Rücken zur Wand	Ballen	schnell
2	rechten Fuß vorwärts belasten	Front zur Mitte	flach	schnell
3	linker Fuß vorwärts, klein	Front zur Mitte	flacher Ballen	schnell
4	rechter Fuß halbwegs zum linken schließen	Front zur Mitte	flacher Ballen	und
5	linker Fuß vorwärts, klein	Front zur Mitte, auf diesem Schritt der Dame mit rechter Hand eine Führung geben, so daß die Dame nach rechts drehen kann, sofort die Hand lösen	flacher Ballen	schnell
6	rechter Fuß rückwärts, klein	Front zur Mitte, mit rechter Hand die Rechte der Dame fassen	flacher Ballen	schnell
7	linker Fuß halbwegs zum rechten schließen	Front zur Mitte	flacher Ballen	und
8	rechter Fuß rückwärts, klein	Front zur Mitte	flacher Ballen	schnell

Damenschritt

Schritt	*Fußstellung*	*Richtung der Bewegung*	*Fußarbeit*	*Rhythmus*
1	rechter Fuß rückwärts	Rücken zur Mitte	Ballen	schnell
2	linken Fuß vorwärts belasten	Front zur Wand	flach	schnell
3	rechter Fuß vorwärts	Front zu Wand	flacher Ballen	schnell
4	linker Fuß halbwegs zum rechten schließen	Front zur Wand	flacher Ballen	und
5	rechter Fuß vorwärts	Front zur Wand, auf diesem Schritt eine ganze Drehung nach rechts, mit der rechten Hand fest vom Herrn abstoßen und dann rechte Hand lösen	flacher Ballen	schnell
6	linker Fuß schräg rückwärts	Rücken zur Mitte, mit rechter Hand die Rechte des Herrn fassen	flacher Ballen	schnell
7	rechter Fuß halbwegs zum linken schließen	Rücken zur Mitte	flacher Ballen	und
8	linker Fuß rückwärts	Rücken zur Mitte	flacher Ballen	schnell

Der American Spin kann mehrmals hintereinander getanzt werden. Ich schlage vor, ihn zweimal zu tanzen. Nach dem letzten Spin folgt der zweite Teil des Damensolos, wiederum freihändig getanzt, damit der Herr am Ende wieder mit der linken Hand fassen kann. Dann folgt der Link and Whip.

Schritt-Diagramm vom American Spin

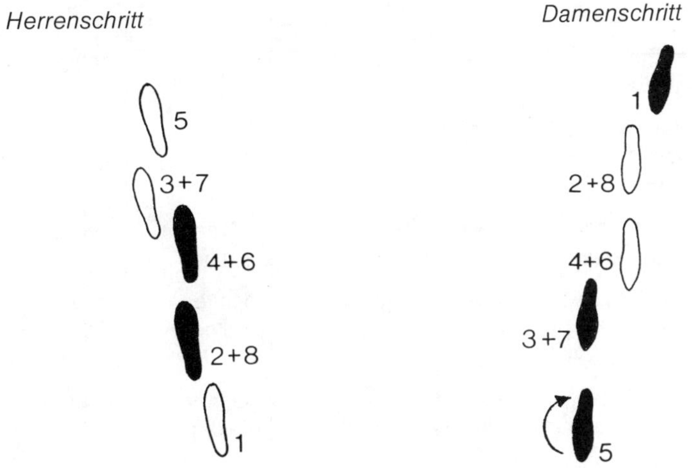

Eine andere attraktive Figur im Jive ist der Stop and Go.

Stop and Go

Auch hierbei nehmen wir als Einleitung wiederum den ersten Teil des Damensolos. Allerdings führt der Herr hier die Dame an der linken Hand.

Ausgangsstellung: Der Herr mit Front zur Mitte,
die Dame mit Front zur Wand, dem Herrn auf Abstand gegenüberstehend.

Schritt-Diagramm vom Stop and Go

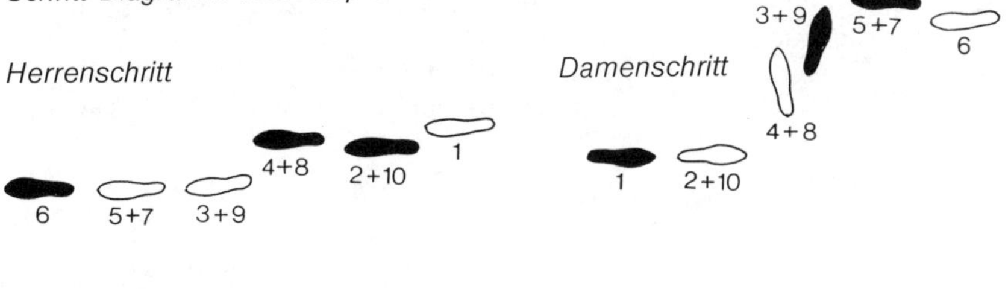

Herrenschritt

Schritt	*Fußstellung*	*Richtung der Bewegung*	*Fußarbeit*	*Rhythmus*
1	linker Fuß rückwärts	Rücken zur Wand	Ballen	schnell
2	rechten Fuß vorwärts belasten	Front zur Mitte	flach	schnell
3	linker Fuß vorwärts, klein	Front zur Mitte, linke Hand anheben	flacher Ballen	schnell
4	rechter Fuß halbwegs schließen	Front zur Mitte, linke Hand hoch	flacher Ballen	und
5	linker Fuß vorwärts, klein	Front zur Mitte, linke Hand hoch rechte Hand auf den Rücken der Dame legen	flacher Ballen	schnell
6	rechter Fuß vorwärts (Stop)	Front zur Mitte, Hände wie bei Schritt 5	flach	schnell
7	linken Fuß rückwärts belasten (Go)	Rücken zur Wand, Dame mit rechter Hand zum Ausrollen führen dann lösen	flach	schnell
8	rechter Fuß rückwärts, klein	Rücken zur Wand, linke Hand hoch	flacher Ballen	schnell
9	linker Fuß halbwegs schließen	Rücken zur Wand	flacher Ballen	und
10	rechter Fuß rückwärts, klein	Rücken zur Wand, linke Hand in normaler Position von der Trennung	Ballen flacher	schnell

Der Stop and Go kann ebenfalls mehrmals hintereinander getanzt werden. Ich empfehle, auch ihn zweimal zu tanzen. Nach dem zweiten Stop and Go folgt dann der zweite Teil des Damensolo, also linksdrehend. Abschluß dann wieder mit Link and Whip.

Damenschritt

Schritt	*Fußstellung*	*Richtung der Bewegung*	*Fußarbeit*	*Rhythmus*
1	rechter Fuß rückwärts	Rücken zur Mitte	Ballen	schnell
2	linken Fuß vorwärts belasten	Front zur Wand	flach	schnell
3	rechten Fuß schräg vorwärts	Körper dreht nach links, beginne in den rechten Arm des Herrn zu drehen	flacher Ballen	schnell
4	linker Fuß halbwegs zum rechten schließen	Körper dreht weiter nach links	flacher Ballen	und
5	rechter Fuß schräg rückwärts	Körper dreht nach links, am Ende rechte Hand erhoben im rechten Arm des Herrn stehend (Zwischen 3 und 5 $^1/_2$ Linksdrehung Rücken zur Wand)	flacher Ballen	schnell
6	linker Fuß rückwärts (Stop)	Rücken zur Wand	Ballen	schnell
7	rechten Fuß vorwärts belasten (Go)	Front zur Mitte	flach	schnell

Schritt	*Fußstellung*	*Richtung der Bewegung*	*Fußarbeit*	*Rhythmus*
8	linker Fuß schräg vorwärts	Körper beginnt nach rechts zu drehen, aus dem Arm des Herrn rollend	Ballen flacher	schnell
9	rechter Fuß halbwegs zum linken schließen	Körper dreht weiter nach rechts	flacher Ballen	und
10	linker Fuß schräg rückwärts	Körper dreht nach rechts, am Ende Front zum Herrn auf Trennung, normale Tanzhaltung (Zwischen 8 und 10 $^1/_2$ Rechtsdrehung) Rücken zur Wand	flacher Ballen	schnell

Zu guter Letzt möchte ich Ihnen noch eine Schrittfolge empfehlen. Sie kennen Grundschritt und Damensolo und Link and Whip. Diese drei Begriffe sind die Grundlage im Jive. Varianten, wie American Spin und Stop and Go, können zwischen erstem und zweitem Teil des Damensolos eingeschoben werden.
Sie können also als Verbindung tanzen:

1. Zwei Grundschritte, dann als Damensolo rechts und links, abschließend Link and Whip.
2. Zwei Grundschritte, danach erster Teil vom Damensolo, dann 2mal American Spin, abschließend Link and Whip.
3. Zwei Grundschritte, dann erster Teil vom Damensolo, danach 2mal Stop and Go, abschließend Link and Whip.

Die Schritte und Figuren des Jive sind auch nach vielen Beat-Musikstücken gut zu tanzen, weil sie sich rhythmisch und auch tempomäßig sehr dafür eignen.

Verehrte Tanzfreunde,

Sie haben sich mit den elf heute gültigen Gesellschaftstänzen nun etwas ausführlicher befaßt. Anliegen und Zweck dieses kleinen Buchs war, Sie mit den grundsätzlichen und praktischen Dingen dieser Tänze vertraut zu machen. Ich habe bewußt darauf verzichtet, beim Erlernen dieser Tänze schwierige Wege zu begehen. Alle Schritte, Figuren und Variationen, die ich Ihnen erläutert habe, wurden so ausgesucht, daß Sie diese erlernen können. Wenn Sie sich in allen Tänzen sicher fühlen, sollten Sie sich getrost überall in der Welt auf die Tanzfläche wagen. Wenn Sie alle tänzerischen Ratschläge befolgen, geben Sie dabei auch eine »gute Figur« ab. Natürlich sollten Sie immer danach trachten, korrekt zu tanzen; aber vergessen Sie dabei nie: Sie tanzen zu Ihrem Vergnügen! Wer das Tanzen »tierisch ernst« nimmt, wird nicht die erhoffte Freude dabei finden. Was macht es aus, wenn Sie sich wirklich einmal vertanzen? Glauben Sie nicht, daß Sie gerade in diesem Moment beobachtet werden. Bewahren Sie dabei immer Ihren Humor und Charme. Nur so können Sie auf der Tanzfläche Erfolg haben.
Ich hoffe, daß ich etwas dazu beitragen konnte, daß Sie recht viele vergnügliche Stunden bei Tanz und guter Laune verleben werden.

JHR

Ernst Fern

Unser Tip

Disco-Tänze
(0491) von Barbara und Felicitas Weber, 104 S., 104 Abbildungen, kartoniert, **DM 6,80,** S 59,–

So tanzt man Rock'n'Roll
Grundschritte – Figuren – Akrobatik
(0573) von Wolfgang Steuer und Gerhard Marz,
224 S., 303 Abbildungen, kartoniert,
DM 16,80, S 139,–

Tanzen überall
Discofox, Rock'n'Roll, Blues, Langsamer Walzer, Cha-Cha-Cha zum Selberlernen
(0760) von Holger M. Pritzer,
112 S., 128 Farbfotos, zahlreiche Schrittdiagramme, kartoniert,
DM 19,80, S 159,–

Lustige Tanzspiele und Scherztänze
für Parties und Feste
(0165) von E. Bäulke,
80 S., 53 Abbildungen, kartoniert,
DM 6,80, S 59,–

Falls durch besondere Umstände Preisänderungen notwendig werden, erfolgt Auftragserledigung zu dem bei der Lieferung gültigen Preis.

FALKEN VERLAG

Stand 1. 1. 1985

Gesamt-Programm

Essen und Trinken

Kalte und warme Vorspeisen
einfach · herzhaft · raffiniert. (5045) Von Karin Iden, 64 S., 43 Farbfotos, Pappband. **DM 12,80**/S 99.–

Köstliche Suppen
für jede Tages- und Jahreszeit. (5122) Von Elke Fuhrmann, 64 S., 38 Farbfotos, Pappband. **DM 12,80**/S 99.–

Kochen, was allen schmeckt
1700 Koch- und Backrezepte für jede Gelegenheit. (4098) Von Anneliese und Gerhard Eckert, 796 S., 60 Farbtafeln, Pappband. **DM 24,80**/S 198.–

Falken-Handbuch
Kochen nach allen Regeln der Kunst
Das moderne Grundkochbuch mit über 1000 Farbbildern. (4143) Von Margrit Gutta, 624 S., über 1000 farbige Abb., gebunden. **DM 78,–**/S 598.–

Brunos beste Rezepte
– rund ums Jahr (4154) Von Bruno Henrich, 136 S., 15 Farbfotos, kart. **DM 14,80**/S 119.–

Was koche ich heute?
Neue Rezepte für Fix-Gerichte. (0608) Von Annette Badelt-Vogt, 112 S., 16 Farbtafeln, kart. **DM 9,80**/S 79.–

Kochen für 1 Person
Rationell wirtschaften, abwechslungsreich und schmackhaft zubereiten. (0586) Von Marianne Nicolin, 136 S., 8 Farbtafeln, 20 Zeichnungen, kart. **DM 9,80**/S 79.–

Gesunde Kost aus dem Römertopf
(0442) Von Jutta Kramer, 128 S., 8 Farbtafeln, 13 Zeichnungen, kart. **DM 8,80**/S 74.–

Nudelgerichte
– lecker, locker, leicht zu kochen. (0466) Von Christiane Stephan, 80 S., 8 Farbtafeln, kart. **DM 7,80**/S 69.–

Omas Küche und unsere Küche heute
(4089) Von J. Peter Lemcke, 160 S., 8 Farbtafeln, 95 Zeichnungen, Pappband. **DM 24,80**/S 198.–

Die besten Eintöpfe und Aufläufe
(5079) Von Anneliese und Gerhard Eckert, 64 S., 49 Farbfotos, Pappband. **DM 12,80**/S 99.–

Hobby-Kochbuch für Tiefkühlkost
(0302) Von Ruth Vollmer-Ruprecht, 104 S., 8 Farbtafeln, kart. **DM 8,80**/S 74.–

Schnelle Küche
(4095) Von Anneliese und Gerhard Eckert, 136 S., 15 Farbtafeln, 61 Zeichnungen, kart., **DM 12,80**/S 99.–

Schnell gekocht – gut gekocht
mit vielen Rezepten für Schnellkochtöpfe und Schnellbratpfannen. (0265) Von Irmgard Persy, 96 S., 8 Farbtafeln, kart. **DM 7,80**/S 69.–

Kochen und backen im Heißluftherd
Vorteile, Gebrauchsanleitung, Rezepte. (0516) Von Katharina Kölner, 72 S., 8 Farbtafeln, kart. **DM 7,80**/S 69.–

Das neue Mikrowellen-Kochbuch
(0434) Von Hermann Neu, 64 S., 4 Farbtafeln, kart. **DM 6,80**/S 59.–

Ganz und gar mit Mikrowellen
(4094) Von Tina Peters, 208 S., 24 Farbfotos, kart. **DM 29,80**/S 239.–

Gesund kochen
wasserarm · fettfrei · aromatisch. (4060) Von Margrit Gutta, 240 S., 16 Farbtafeln, Pappband. **DM 19,80**/S 159.–

Alternativ essen
Die gesunde Sojaküche. (0553) Von Uwe Kolster, 112 S., 8 Farbtafeln, kart. **DM 9,80**/S 79.–

Kräuter- und Heilpflanzen-Kochbuch
für eine gesunde Lebensweise. (4066) Von Pia Pervenche, 143 S., 15 Farbtafeln, kart. **DM 12,80**/S 99.–

Natursammlers Kochbuch
Wildfrüchte und -gemüse, Pilze, Kräuter – finden und zubereiten. (4040) Von Christa-Maria Kerler, 140 S., 12 Farbtafeln, gebunden. **DM 19,80**/S 159.–

Miekes Kräuter- und Gewürzkochbuch
(0323) Von Irmgard Persy und Klaus Mieke, 96 S., 8 Farbtafeln, kart. **DM 8,80**/S 74.–

Haltbar machen durch **Trocknen und Dörren**
(0696) Von Maren Bustorf-Hirsch, 32 S., 42 Farbfotos, Spiralbindung. **DM 7,80**/ S 69.–

Alles über Einkochen, Einlegen, Einfrieren
Gesund und herzhaft. (4055) Von Birgit Müller, 152 S., 16 Farbtafeln, kart. **DM 12,80**/S 99.–

Einkochen
nach allen Regeln der Kunst. (0405) Von Birgit Müller, 128 S., 8 Farbtafeln, kart. **DM 9,80**/S 79.–

Das neue Fritieren
geruchlos, schmackhaft und gesund. (0365) Von Petra Kühne, 96 S., 8 Farbtafeln, kart. **DM 7,80**/S 69.–

Weltmeister-Soßen
Die Krönung der feinen Küche. (0357) Von Giovanni Cavestri, 96 S., 14 Farbtafeln, kart. **DM 9,80**/S 79.–

Wildgerichte
einfach bis raffiniert. (5115) Von Margrit Gutta, 64 S., 43 Farbfotos, Pappband. **DM 12,80**/S 99.–

Geflügel
Die besten Rezepte aus aller Welt. (5050) Von Margrit Gutta, 64 S., 32 Farbfotos, Pappband. **DM 12,80**/S 99.–

Raffinierte Steaks
und andere Fleischgerichte. (5043) Von Gerhard Eckert, 64 S., 43 Farbfotos, Pappband. **DM 12,80**/S 99.–

Mehr Freude und Erfolg beim **Grillen**
(4141) Von Alfred Berliner, 160 S., 147 Farbfotos, 10 farbige Zeichnungen, Pappband. **DM 24,80**/S 198.–

Grillen
– drinnen und draußen. (4047) Von Claus Arius, 152 S., 30 Farbtafeln, kart. **DM 12,80**/S 99.–

Grillen
Fleisch · Fisch · Beilagen · Soßen. (5001) Von Elke Fuhrmann, 64 S., 38 Farbfotos, Pappband. **DM 12,80**/S 99.–

Chinesisch kochen
Schmackhafte Rezepte für die abwechslungsreiche Küche. (5011) Von Anneliese und Gerhard Eckert, 64 S., 57 Farbfotos, Pappband. **DM 12,80**/S 99.–

Chinesisch kochen
mit dem WOK-Topf und dem Mongolen-Topf. (0557) Von Christiane Korn, 64 S., 8 Farbtafeln, kart. **DM 7,80**/S 69.–

Japanische Küche
schmackhaft und bekömmlich. (5087) Von Hiroko Toi, 64 S., 36 Farbfotos, Pappband. **DM 12,80**/S 99.–

Ostasiatische Küche
schmackhaft, bekömmlich und vielseitig. (5066) Von Taki Sozuki, 64 S., 39 Farbfotos, Pappband. **DM 12,80**/S 99.–

Nordische Küche
Speisen und Getränke von der Küste. (5082) Von Jutta Kürtz, 64 S., 44 Farbfotos, Pappband. **DM 12,80**/S 99.–

Deutsche Spezialitäten
(5025) Von Elke Fuhrmann, 64 S., 52 Farbfotos, Pappband. **DM 12,80**/S 99.–

Französisch kochen
(5016) Von Margrit Gutta, 64 S., 35 Farbfotos, Pappband. **DM 12,80**/S 99.–

Französische Küche
(0685) Von Margrit Gutta, 96 S., 16 Farbtafeln, kart., **DM 8,80**/S 74.–

Kochen und würzen mit **Knoblauch**
(0725) Von A. und G. Eckert, 96 S., 8 Farbtafeln, kart. **DM 7,80**/S 69.–

Schlemmerreise durch die **italienische Küche**
(4172) Von Velio Pifferi, 160 S., 109 Farbfotos, Pappband. **DM 24,80**/ S 198.–

Italienische Küche
(5026) Von Margrit Gutta, 64 S., 35 Farbfotos, Pappband. **DM 12,80**/S 99.–

Portugiesische Küche
und Weine · Kulinarische Reise durch Portugal. (0607) Von Enrique Kasten, 96 S., 16 Farbtafeln, kart. **DM 9,80**/S 79.–

Raffinierte Rezepte mit Oliven
(5119) Von Lutz Helger, 64 S., 53 Farbfotos, 4 Zeichnungen, Pappband. **DM 14,80**/S 119.–

Köstliche Pizzas, Toasts, Pasteten
(5081) Von Anneliese und Gerhard Eckert, 64 S., 48 Farbfotos, Pappband. **DM 12,80**/S 99.–

Internationale Spezialitäten
(4130) Von Christine Schönherr, 240 S., 116 Farbfotos, gebunden. **DM 48,–**/S 398.–

Köstliche Pilzgerichte
Rezepte für die meistvorkommenden Speisepilze. (5133) Von Valerie Spicker-Noack, Martin Knoop, 64 S., 52 Farbfotos, Pappband. **DM 12,80**/S 99.–

Am Tisch zubereitet
(4152) Von Ilse Otto, 208 S., 12 Farbtafeln, 17 s/w-Fotos, Pappband. **DM 24,80**/S 198.–

Fondues
(5006) Von Eva Exner, 64 S., 50 Farbfotos, Pappband. **DM 12,80**/S 99.–

Fondues
und fritierte Leckerbissen. (0471) Von Stefanie Stein, 80 S., 8 Farbtafeln, kart. **DM 6,80**/S 59.–

Fondues · Raclettes · Flambiertes
(4081) Von Renate Peiler und Marie-Louise Schult, 136 S., 15 Farbtafeln, 28 Zeichnungen, kart. **DM 12,80**/S 99.–

Neue, raffinierte Rezepte mit dem Raclettegrill
(0558) Von Lutz Helger, 56 S., 8 Farbtafeln, kart. **DM 7,80**/S 69.–

Rezepte rund um Raclette und Hobby-Rechaud
(0420) Von Jack W. Hochscheid, 72 S., 15 Farbtafeln, kart. **DM 7,80**/S 69.–

Die große farbige Kalte Küche
Vom Partyhappen zum Kalten Buffet (4134) Von Christine Schönherr, 400 S., über 220 farbigen Abb., gebunden **DM 33,–**/S 268.–

Kleine Kalte Küche
für Alltag und Feste. (5097) Von Anneliese und Gerhard Eckert, 64 S., 45 Farbfotos, Pappband. **DM 12,80**/S 99.–

Kalte Platten
(4064) Von Maitre Pierre Pfister, 240 S., 135 großformatige Farbfotos, gebunden. **DM 48,–**/S 398.–

Kalte Platten – Kalte Büfetts
(5015) Von Margrit Gutta, 64 S., 34 Farbfotos, Pappband. **DM 12,80**/S 99.–

Kalte Happen
und Partysnacks. (5029) Von Dolly Peters. 64 S., 35 Farbfotos, Pappband. **DM 12,80**/S 99.–

Salate
(4119) Von Christine Schönherr, 240 S., 115 Farbfotos, gebunden. **DM 48,–**/S 389.–

Salate für alle Gelegenheiten
(5002) Von Elke Fuhrmann, 64 S., 47 Farbfotos, Pappband. **DM 12,80**/S 99.–

111 köstliche Salate
Erprobte Rezepte mit Pfiff. (0222) Von Christine Schönherr, 96 S., 8 Farbtafeln, 30 Zeichnungen, kart. **DM 8,80**/S 74.–

Salate
Das köstlich knackige Schlemmervergnügen. (4165) Von Veronika Müller, 160 S., 79 Farbfotos, Pappband, **DM 24,80**/S 198.–

Desserts
(5020) Von Margrit Gutta, 64 S., 38 Farbfotos, Pappband. **DM 12,80**/S 99.–

Süße Nachspeisen
(0601) Von Petra Lohmann, 96 S., 8 Farbtafeln, 28 Zeichnungen, kart. **DM 8,80**/S 74.–

Crêpes, Omeletts und Soufflés
Pikante und süße Spezialitäten. (5131) Von Jutta Rosenkranz, 64 S., 45 Farbfotos, Pappband. **DM 12,80**/S 99.–

Backen
(4113) Von Margrit Gutta, 240 S., 123 Farbfotos, gebunden. **DM 48,–**/S 398.–

Kuchen und Torten
(5067) Von Marlies Sauerborn, 64 S., 79 Farbfotos, Pappband. **DM 12,80**/S 99.–

Schönes Hobby: Backen
Erprobte Rezepte mit modernen Backformen. (0451) Von Elke Blome, 96 S., 8 Farbtafeln, kart. **DM 7,80**/S 69.–

Kleingebäck
Plätzchen · Kekse · Guetzli. (5089) Von Margrit Gutta, 64 S., 50 Farbfotos, Pappband. **DM 12,80**/S 99.–

Weihnachtsbäckerei
Köstliche Plätzchen, Stollen, Honigkuchen und Festtagstorten. (0682) Von Marlies Sauerborn, 32 S., 34 Farbfotos, Spiralbindung. **DM 6,80**/S 59.–

Waffeln
süß und pikant. (0522) Von Christiane Stephan, 64 S., 4 Farbtafeln, kart. **DM 6,80**/S 59.–

Mehr Freude und Erfolg beim **Brotbacken**
(4148) Von Anneliese und Gerhard Eckert, 160 S., 177 Farbfotos, Pappband. **DM 24,80**/S 198.–

Brotspezialitäten
knusprig backen – herzhaft kochen. (5088) Von Jack W. Hochscheid und Lutz Helger, 64 S., 50 Farbfotos, Pappband. **DM 12,80**/S 99.–

Selbst Brotbacken
Über 50 erprobte Rezepte. (0370) Von Jens Schiermann, 80 S., 6 Zeichnungen, 4 Farbtafeln, kart. **DM 6,80**/S 59.–

Meine Vollkornbackstube
Brot · Kuchen · Aufläufe. (0616) Von Rita Raffelt, 96 S., 4 Farbtafeln, 4 s/w-Fotos, 8 Zeichnungen, kart. **DM 6,80**/S 59.–

Backen, was allen schmeckt
Kuchen, Torten, Gebäck und Brot (4166) Von Elke Blome, 556 S., 40 Farbtafeln, Pappband. **DM 19,80**/S 159.–

Kochen für Diabetiker
Gesund und schmackhaft für die ganze Familie. (4132) Von M. Toeller, W. Schumacher, A. C. Groote, 224 S., 109 Farbfotos, 94 Zeichnungen, gebunden. **DM 26,80**/S 218.–

Neue Rezepte für Diabetiker-Diät
Vollwertig – abwechslungsreich – kalorienarm. (0418) Von Monika Oehlrich, 120 S., 8 Farbtafeln, kart. **DM 9,80**/S 79.–

Schlemmertips für Figurbewußte
(0680) Von Volker Kahn, 64 S., 8 Farbtafeln, kart. **DM 9,80**/S 79.–

Wer schlank ist, lebt gesünder
Tips und Rezepte zum Schlankwerden und -bleiben. (0562) Von Renate Mainer, 80 S., 8 Farbtafeln, kart. **DM 8,80**/S 74.–

Kalorien – Joule
Eiweiß · Fett · Kohlenhydrate tabellarisch nach gebräuchlichen Mengen. (0374) Von Marianne Bormio, 88 S., kart., **DM 5.80**/49.–

Die 4444-Joule-Diät
Schlankessen mit Genuß. (0530) Von Hans J. Fahrenkamp, 160 S., 8 Farbtafeln, kart., **DM 9,80**/S 79.–

Alles mit Joghurt
tagfrisch selbstgemacht. Mit vielen Rezepten. (0382) Von Gerda Volz, 88 S., 8 Farbtafeln, kart., **DM 7,80**/S 69.–

Die Brot-Diät
Ein Schlankheitsplan ohne Extreme. (0452) Von Prof. Dr. Erich Menden und Waltraud Aign, 92 S., 8 Farbtafeln, kart., **DM 7,80**/S 69.–

Rohkost
abwechslungsreich · schmackhaft · gesund. (5044) Von Ingrid Gabriel, 64 S., 53 Farbfotos, Pappband. **DM 12.80**/S 99.–

Neue Cocktails und Drinks
mit und ohne Alkohol. (0517) Von Siegfried Späth, 128 S., 4 Farbtafeln, kart., **DM 9,80**/S 79.–

Mixen mit und ohne Alkohol
(5017) Von Holger Hofmann, 64 S., 35 Farbfotos, Pappband. **DM 12.80**/S 99.–

Cocktails und Mixereien
(0075) Von Jonny Walker, 104 S., 4 Farbtafeln, kart. **DM 6,80**/S 59.–

Die besten Punsche, Grogs und Bowlen
(0575) Von Friedel Dingden, 64 S., 2 Farbtafeln, kart. **DM 6,80**/S 59.–

Weinlexikon
Wissenswertes über die Weine der Welt. (4149) Von Urban Keller, 228 S., 6 Farbtafeln, 395 s/w-Fotos, Pappband. **DM 29,80**/S 239.–

Köstliches Lebenselixier **Wein**
(2204) Von Heinz Steffan, 80 S., 73 Farbfotos, Pappband. **DM 9,80**/S 85.–

Von der Romantik der blauen Stunde **Cocktails und Drinks**
(2209) Von Siegfried Späth, 80 S., 25 Farbfotos und Zeichnungen, Pappband. **DM 9,80**/S 85.–

Vom Genuß des braunen Goldes **Kaffee**
(2213) Von Helmut Strutzmann, 80 S., 49 Fotos, Pappband. **DM 9,80**/S 85.–

Kaffee für Genießer
(0492) Von Christiane Barthel, 88 S., 8 Farbtafeln, kart. **DM 6,80**/S 59.–

FALKEN VERLAG

Die Preise entsprechen dem Status beim Druck dieses

Heißgeliebter Tee
Sorten, Rezepte und Geschichte. (4114) Von Curt Maronde, 153 S., 16 Farbtafeln, 93 Zeichnungen, gebunden.
DM 24,80/S 198.–

Tee für Genießer.
Sorten · Riten · Rezepte. (0356) Von Marianne Nicolin, 64 S., 4 Farbtafeln, kart. **DM 5,80**/S 49.–

Tee
Herkunft · Mischungen · Rezepte. (0515) Von Sonja Ruske, 96 S., 4 Farbtafeln, viele Abbildungen, Pappband.
DM 9,80/S 79.–

Vom höchsten Genuß des Teetrinkens
(2201) Von Inge Ubenauf, 80 S., 57 Farbfotos, Pappband.
DM 9,80/S 85.–

Mitbringsel aus meiner Küche
(0668) Von Christine Schönherr, 32 S., 30 Farbfotos, Spiralbindung.
DM 7,80/S 69.–

Kinder lernen spielend backen
(5110) Von Margrit Gutta, 64 S., 50 Farbfotos, Pappband.
DM 12,80/S 99.–

Kinder lernen spielend kochen
(5096) Von Margrit Gutta, 64 S., 45 Farbfotos, Pappband.
DM 12,80/S 99.–

Biologisch Backen
Neue Rezeptideen für Kuchen, Brote, Kleingebäck aus vollem Korn
(4174) Von Maren Bustorf-Hirsch, 136 S., 15 Farbtafeln, 47 Zeichnungen, kart.
DM 14,80/S 119.–

Das Reformhaus-Kochbuch
Gesunde Ernährung mit hochwertigen Naturprodukten
(4180) Von A. u. G. Eckert, 160 S., 15 Farbtafeln, Pbd., **DM 24,80**/S 198.–

Biologische Ernährung
für eine natürliche und gesunde Lebensweise. (4125) Von C. Leibold, 136 S., 15 Farbtafeln, 47 Zeichnungen, kart. **DM 12,80**/S 99.–

Biologisch Kochen
– vitaminreich und naturbelassen (4162) Von Maren Bustdorf-Hirsch und Karin Siegel, 144 S., 15 Farbtafeln, 51 Zeichnungen, kart., **DM 14,80**/S 119.–

Gesund leben – schlank werden mit der **Bio-Kur**
(0657) Von Sylvia Winter, 144 S., 48 Farbtafeln, kart. **DM 9,80**/S 79.–

Hobby

Aquarellmalerei
als Kunst und Hobby. (4147) Von Horst Haack und Brigitte Wersche, 136 S., 62 Farbfotos, 119 Zeichnungen, gebunden **DM 39,–**/S 319,–

Aquarellmalerei
Materialien · Techniken · Motive. (5099) Von Thomas Hinz, 64 S., 79 Farbfotos, Pappband. **DM 12,80**/S 99,–

Naive Malerei
leicht gemacht. (5083) Von Felizitas Krettek, 64 S., 76 Farbfotos, Pappband.
DM 12,80/S 99,–

Zeichnen Sie mal – malen Sie mal.
(5095) Von Ferry Ahrlé und Volker Kühn, 112 S., 16 Farbtafeln, viele Zeichnungen, kart. **DM 14,80**/S 119,–

Bauernmalerei
als Kunst und Hobby. (4057) Von Arbo Gast und Hannie Stegmüller, 128 S., 239 Farbfotos, 26 Riß-Zeichnungen, gebunden. **DM 39,–**/S 319,–

Hobby-Bauernmalerei
(0436) Von Senta Ramos und Jo Roszak, 80 S., 116 Farbfotos und 28 Motivvorlagen, kart. **DM 19,80**/S 159,–

Bauernmalerei
Kreatives Hobby nach alter Volkskunst (5039) Von Senta Ramos, 64 S., 78 Farbfotos, Pappband.
DM 12,80/S 99,–

Glasmalerei
als Kunst und Hobby. (4088) Von Felizitas Krettek und Suzanne Beeh-Lustenberger, 132 S., 182 Farbfotos, 36 Motivvorlagen, gebunden.
DM 39,–/S 319,–

Glasritzen
Materialien, Formen, Motive. (5109) Von Gerlind Mégroz, 64 S., 110 Farbfotos, 15 Zeichnungen, Pappband.
DM 14,80/S 119,–

Brandmalerei
leicht gemacht. (5106) Von Klaus Reinhardt, 64 S., 68 Farbfotos, 23 Zeichnungen, Pappband. **DM 12,80**/S 99,–

Zauberhafte Seidenmalerei
Materialien · Techniken · Gestaltungsvorschläge. (0664) Von Erika Dorn, 32 S., 62 Farbfotos, Spiralbindung.
DM 6,80/S 59,–

Hobby Seidenmalerei
(0611) Von Renate Henge, 88 S., 106 Farbfotos, 28 Zeichnungen, kart.
DM 19,80/S 159,–

Hobby Stoffdruck und Stoffmalerei
(0555) Von Anneliese Ursin, 80 S., 68 Farbfotos, 68 Zeichnungen, kart.
DM 19,80/S 159,–

Stoffmalerei und Stoffdruck
leicht gemacht. (5074) Von Heide Gehring, 64 S., 110 Farbfotos, Pappband.
DM 12,80/S 99,–

Batik
leicht gemacht. (5112) Von Arbo Gast, 64 S., 105 Farbfotos, Pappband.
DM 12,80/S 99,–

Schöne Geschenke selbermachen
(4128) Von Marlene Kühnle, 128 S., 278 Farbfotos, 85 farbige Zeichnungen, gebunden. **DM 39,–**/S 319,–

Schöne Sachen selbermachen
88 Ideen zum Modellieren und Verschenken. (5117) Von Evelyn Guder-Thelen, 64 S., 73 Farbfotos, Pappband.
DM 12,80/S 99,–

Flechten
mit Bast, Stroh und Peddigrohr. (5098) Von Hanne Hangleiter, 64 S., 47 Farbfotos, 76 Zeichnungen, Pappband. **DM 12,80**/S 99,–

Makramee
als Kunst und Hobby. (4085) Von Eva Andersen, 128 S., 114 Farbfotos, 157 s/w-Fotos, gebunden.
DM 39,–/S 319,–

Makramee
Knüpfarbeiten leicht gemacht. (5075) Von Birte Pröttel, 64 S., 95 Farbfotos, Pappband. **DM 12,80**/S 99,–

Häkeln
Schritt für Schritt für Rechts- und Linkshänder. (5134) Von Hella Klaus, 64 S., 120 Farbfotos, 144 Zeichnungen, Pappband. **DM 14,80**/S 119,–

Häkeln und Makramee
Techniken · Geräte · Arbeitsmuster. (0320) Von Dr. Marianne Stradal, 104 S., 191 Abbildungen und Schemata, kart.
DM 6,80/S 59,–

Sticken
Schritt für Schritt für Rechts- und Linkshänder. (5135) Von Ute Werner, 64 S., 196 Farbfotos, 96 Zeichnungen, Pappband. **DM 14,80**/S 119,–

Falken-Handbuch **Stricken**
ABC der Stricktechniken und Strickmuster in ausführlichen Schritt-für-Schritt-Bildfolgen. (4137) Von Maria Natter, 312 S., 32 Farbtafeln, über 800 Fotos und Zeichnungen, Pappband.
DM 29,80/S 239,–

Selbstgestrickte Puppen
Materialien und Arbeitsanleitungen. (0638) Von Bertl Wehrle, 32 S., 23 Farbfotos, 24 Zeichnungen, Spiralbindung.
DM 6,80/S 59,–

Strick mit!
Ein Kurs für Anfänger. (5094) Von Birte Pröttel, 120 S., 72 Farbfotos, 188 s/w-Abb., kart. **DM 14,80**/S 119,–

Stoff- und Kuscheltiere
stricken, häkeln, nähen. (5090) Von Birte Pröttel, 64 S., 50 Farbfotos, Pappband.
DM 12,80/S 99,–

Textiles Gestalten
Weben, Knüpfen, Batiken, Sticken, Objekte und Strukturen. (5123) Von Johann Fricke, 136 S., 67 Farb- und 189 s/w-Fotos, 15 Zeichnungen, kart.
DM 16,80/S 139,–

Gestalten mit Glasperlen
Fädeln · Sticken · Weben (0640) Von Angelika Köhler, 32 S., 55 Farbfotos, Spiralbindung. **DM 6,80**/S 59,–

Marionetten
Entwerfen · Gestalten · Führen (5118) Von Axel Krause und Alfred Bayer, 64 S., 83 Farbfotos, 2 s/w-Fotos, 40 Zeichnungen, Pappband. **DM 14,80**/S 119,–

Arbeiten mit Ton
(5048) Von Johann Fricke, 128 S., 15 Farbtafeln, 166 s/w-Fotos, kart.
DM 14,80/S 119,–

Töpfern
als Kunst und Hobby. (4073) Von Johann Fricke, 132 S., 37 Farbfotos, 222 s/w-Fotos, gebunden. **DM 29,80**/S 239,–

Neue zauberhafte Salzteig-Ideen
(0719) Von Isolde Kiskalt, 80 S., 320 Farbfotos, 12 Zeichnungen, kart., **DM 19,80**/S 159.–

Hobby Salzteig
(0662) Von Isolde Kiskalt, 80 S., 150 Farbfotos, 5 Zeichnungen, Schablonen, kart. **DM 19,80**/S 159,–

Gestalten mit Salzteig
Formen · Bemalen · Lackieren. (0613) Von Wolf-Ulrich Cropp, 32 S., 56 Farbfotos, 17 Zeichnungen, Spiralbindung. **DM 7,80**/S 69,–

Buntbemalte Kunstwerke aus Salzteig
Figuren, Landschaften und Wandbilder. (5141) Von Gabi Belli, 64 S., 165 Farbfotos, 1 Zeichnung, Pappband. **DM 12,80**/S 99.–

Tiffany-Lampen selbermachen
(0684) Von Ingeborg Spliethoff, 32 S., 60 Farbfotos, Spiralbindung. **DM 7,80**/S 69,–

Kerzen und Wachsbilder
gießen · modellieren · bemalen. (5108) Von Christa Riess, 64 S., 110 Farbfotos, Pappband. **DM 12,80**/S 99,–

Zinngießen
leicht gemacht. (5076) Von Käthi Knauth, 64 S., 85 Farbfotos, Pappband. **DM 12,80**/S 99,–

Schmuck und Objekte aus Metall und Email
(5078) Von Johann Fricke, 120 S., 183 Abbildungen, kart. **DM 16,80**/S 139,–

Leder
schneiden · prägen · besticken. (5125) Von Karl-Heinz Bühler, 64 S., 54 Farbfotos, 32 Zeichnungen, Pappband. **DM 14,80**/S 119,–

Hobby Holzschnitzen
Von der Astholzfigur zur Vollplastik. (5101) Von Heinz-D. Wilden, 112 S., 16 Farbtafeln, 135 s/w-Fotos, kart. **DM 16,80**/S 139,–

Papiermachen
ein neues Hobby. (5105) Von Ralf Weidenmüller, 64 S., 84 Farbfotos, 9 s/w-Fotos, 14 Zeichnungen, Pappband. **DM 14,80**/S 119,–

Falken-Handbuch **Heimwerken**
Reparieren und selbermachen in Haus und Wohnung – über 1100 Farbfotos. Sonderteil: Praktisches Energiesparen. (4117) Von Thomas Pochert, 440 S., 1103 Farbfotos, 100 ein- und zweifarbige Abb., gebunden. **DM 49,–**/S 398,–

Restaurieren von Möbeln Stilkunde, Materialien, Techniken, Arbeitsanleitungen. (4120) Von Ellinor Schnaus-Lorey, 152 S., 418 Zeichnungen, s/w-und Farbfotos, gebunden. **DM 39,–**/S 319,–

Möbel aufarbeiten, reparieren, pflegen
(0386) Von Ellinor Schnaus-Lorey, 96 S., 28 Fotos und 101 Zeichnungen, kart., **DM 6,80**/S 59,–

Gestalten mit Naturmaterialien
Zweige, Kerne, Federn, Muscheln und anderes. (5128) Von Ilse Krohn, 64 S., 101 Farbfotos, 11 farbige Zeichnungen, Pappband. **DM 14,80**/S 119,–

Dauergestecke
mit Zweigen, Trocken- und Schnittblumen. (5121) Von Gabriele Vocke, 64 S., 57 Farbfotos, Pappband. **DM 14,80**/S 119,–

Blumengestecke im Ikebanastil
(5041) Von Gabriele Vocke, 64 S., 37 Farbfotos, viele Zeichnungen, kart. **DM 14,80**/S 119,–

Trockenblumen und Gewürzsträuße
(5084) Von Gabriele Vocke, 64 S., 63 Farbfotos, Pappband. **DM 12,80**/S 99,–

Hobby Trockenblumen
Gewürzsträuße, Gestecke, Kränze, Buketts. (0643) Von Rosemie Strobel-Schulze, 88 S., 170 Farbfotos, kart. **DM 19,80**/S 159,–

Hobby Gewürzsträuße
Zauberhafte Gebinde nach Salzburger Art (0726) Von Anneliese Ott, 80 S., 101 Fotos, 51 Zeichnungen, kart., **DM 19,80**/S 159.–

Modellieren
mit selbsthärtendem Material. (5085) Von Klaus Reinhardt, 64 S., 93 Farbfotos, Pappband. **DM 12,80**/S 99,–

Formen mit Backton
Töpfern ohne Brennofen. (0612) Von Angelika Köhler, 32 S., 51 Farbfotos, Spiralbindung. **DM 7,80**/S 69,–

Keramik kreativ gestalten
(5072) Von Ewald Stark, 64 S., 117 Farbfotos, Pappband. **DM 12,80**/S 99,–

Formen gießen und bemalen
(0639) Von Heidemarie Berger, 32 S., 46 Farbfotos, Spiralbindung. **DM 6,80**/S 59.–

Porzellanpuppen
Zauberhafte alte Puppen selbst nachbilden. (5138) Von Carol Ann und Debbie Stanton, 64 S., 58 Farbtafeln, 22 Zeichnungen, Pappband. **DM 16,80**/S 139.–

Vogelhäuschen, Nistkästen, Vogeltränken mit Plänen und Anleitungen zum Selbstbau. (0695) Von Joachim Zech, 32 S., 42 Farbfotos, 5 Zeichnungen, Spiralbindung. **DM 7,80**/S 69.–

Das Herbarium
Pflanzen sammeln, bestimmen und pressen. Gestalten mit Blüten, Blättern und Gräsern. (5113) Von Ingrid Gabriel, 96 S., 140 Farbtafeln, 6 farbige Zeichnungen, Pappband. **DM 16,80**/S 139,–

Ikebana
Einführung in die japanische Kunst des Blumensteckens. (0548) Von Gabriele Vocke, 152 S., 47 Farbfotos, kart. **DM 19,80**/S 159,–

Origami –
die Kunst des Papierfaltens. (0280) Von Robert Harbin, 160 S., über 600 Zeichnungen, kart. **DM 9,80**/S 79,–

Advent und Weihnachten
Basteln – Backen – Schmücken – Feuern. (4067) Von Margrit Gutta, Hanne Hangleiter, Felicitas Buttig, Ingeborg Rathmann, Gabriele Vocke, 152 S., 15 Farbtafeln, zahlr. Abb., kart. **DM 12,80**/S 99,–

Weihnachtsbasteleien
(0667) Von Marlene Kühnle und Sven Beck, 32 S., 56 Farbfotos, 6 Zeichnungen, Spiralbindung. **DM 6,80**/S 59,–

Stricken
Schritt für Schritt für Rechts- und Linkshänder. (5142) Von Sabine Oelwein-Schefczik, 64 S., 148 Farbfotos, 173 Zeichnungen, Pappband. **DM 14,80**/S 119.–

Kuscheltiere stricken und häkeln
(0734) Von Bertl Wehrle, 32 S., 60 Farbfotos, 28 Zeichnungen, Spiralbindung. **DM 7,80**/S 69.–

Schritt für Schritt zum Scherenschnitt
(0732) Von Heide Klingmüller, 32 S., 38 Farbfotos, 34 Vorlagen, Spiralbindung. **DM 7,80**/S 69.–

Dekorative Rupfenpuppen
Arbeitsanleitungen und Gestaltungsvorschläge. (0733) Von Bärbel Wenzelburger, 32 S., 57 Farbfotos, 14 Zeichnungen, Spiralbindung. **DM 7,80**/S 69.–

Pullover, Westen, Ensembles, Jacken
(4178) Von Ruth Weber, 208 S., 220 Farbfotos, 358 Zeichnungen, Pappband. **DM 29,80**/S 239.–

Freizeit

Aktfotografie
Gestaltung, Technik, Spezialeffekte (0737) Von Prof. Heinz Wedewardt, 88 S., 144 Farb- und 6 s/w-Fotos, 6 Zeichnungen, kart., **DM 19,80**/S 159.–

Videokassette Aktfotografie
Laufzeit ca. 60 Min. In Farbe.
VHS (6001), Video 2000 (6002), Beta (6003) **DM 98,–**/S 882.–

Moderne Fotopraxis
Bildgestaltung · Aufnahmepraxis · Kameratechnik · Fotolexikon. (4030) Von Wolfgang Freihen, 304 S., 50 Farbfotos, 194 s/w-Abb., gebunden.
DM 36,–/S 298,–

So macht man bessere Fotos
Das meistverkaufte Fotobuch der Welt. (0614) Von Martin L. Taylor, 192 S., 457 Farbfotos, 15 Abb., kart.
DM 14,80/ S 119,–

Falken-Handbuch
Dunkelkammerpraxis
Laboreinrichtung · Arbeitsabläufe Fehlerkatalog. Mit den neuesten Farbentwicklungsverfahren. (4140) Von Eugen Pauli, 200 S., 54 Farbfotos, 239 s/w-Fotos, 171 Zeichnungen, Pappband.
DM 29,80/ S 239,–

Falken-Handbuch **Trickfilmen**
Flach-, Sach- und Zeichentrickfilme – von der Idee zur Ausführung. (4131) Von Heinz-D. Wilden, 144 S., über 430 überwiegend farbige Abb., gebunden.
DM 39,–/S 319,–

Moderne Schmalfilmpraxis
Ausrüstungen · Drehbuch · Aufnahme Schnitt · Vertonung. (4043) Von Uwe Ney, 328 S., über 200 Abb., gebunden.
DM 29,80/S 239,–

Schmalfilmen
Ausrüstung · Aufnahmepraxis · Schnitt Ton. (0342) Von Uwe Ney, 108 S., 4 Farbtafeln, 25 s/w-Fotos, kart.
DM 9,80/S 79,–

Schmalfilme selbst vertonen
(0593) Von Uwe Ney, 96 S., 57 s/w-Fotos, 14 Zeichnungen, kart.
DM 9,80/S 79,–

Falken-Handbuch **Videofilmen**
Systeme, Kameras, Aufnahme, Ton und Schnitt. (4093) Von Peter Lanzendorf, 288 S., 8 Farbtafeln, 165 s/w-Fotos, 25 Zeichnungen, gebunden.
DM 36,–/S 298,–

Ferngelenkte Motorflugmodelle
bauen und fliegen. (0400) Von Werner Thies, 184 S., mit Zeichnungen und Detailplänen, kart. **DM 12,80**/S 99,–

Modellflug-Lexikon
(0549) Von Werner Thies, 280 S., 98 s/w-Fotos, 234 Zeichnungen, Pappband. **DM 36,–**/S 298,–

Flugmodelle
bauen und einfliegen. (0361) Von Werner Thies und Willi Rolf, 160 S., 63 Abb., 7 Faltpläne, kart. **DM 12,80**/S 99,–

Kleine Welt auf Rädern
Das faszinierende Spiel mit **Modelleisenbahnen** (4175) Von Florian Eisen, 256 S., 72 Farb- und 180 s/w-Fotos, 25 Zeichnungen, Pappband.
DM 29,80/ S 239.–

Fotografie – Das Schöne als Ziel
Zur Ästhetik und Psychologie der visuellen Wahrnehmung. (4122) Von Ewald Stark, 208 S., 252 Farbfotos, 63 Zeichnungen, Ganzleinen. **DM 78,–**/S 624,–

Freude am Fotografieren
(4127) Von der Fachredaktion Kodak, 312 S., über 500 Farbfotos, Pappband.
DM 48,–/S 398,–

Raketen auf Rädern
Autos und Motorräder an der Schallgrenze. (4220) Von Hans G. Isenberg, 96 S., 112 großformatige Farbfotos, 21 s/w-Fotos, Pappband. **DM 24,80**/S 198,–

Die rasantesten Rallyes der Welt
(4213) Von Hans G. Isenberg und Dirk Maxeiner, 96 S., 116 großformatige Farbfotos, Pappband. **DM 24,80**/S 198,–

Auto-Rallyes für jedermann
Planen – ausrichten – mitfahren. (0457) Von Rüdiger Hagelberg, 104 S., kart.
DM 9,80/S 79,–

Die schnellsten Autos der Welt
(4201) Von Hans G. Isenberg und Dirk Maxeiner, 96 S., 110 meist vierfarbige Abb., Pappband. **DM 24,80**/S 198,–

Trucks
Giganten der Landstraßen in aller Welt. (4222) Von Hans G. Isenberg, 96 S., 131 Farbfotos, Pappband.
DM 24,80/S 198,–

CB-Code
Wörterbuch und Technik. (0435) Von Richard Kerler, 120 S., mit technischen Abb., kart. **DM 7,80**/S 69,–

Ferngelenkte Elektromodelle
... bauen und fliegen.
(0700) Von Werner Thies, 144 S., 52 s/w-Fotos, 52 Zeichnungen, kart.
DM 16,80/139.–

Schiffsmodelle
selber bauen. (0500) Von Dietmar und Reinhard Lochner, 200 S., 93 Zeichnungen, 2 Faltpläne, kart.
DM 14,80/S 119,–

Dampflokomotiven
(4204) Von Werner Jopp, 96 S., 134 großformatige Farbfotos, Pappband.
DM 24,80/S 198,–

Zivilflugzeuge
Vom Kleinflugzeug zum Überschall-Jet. (4218) Von Richard J. Höhn und Hans G. Isenberg, 96 S., 115 großformatige Farbfotos, Pappband. **DM 24,80**/S 198,–

Die tollsten Motorflugzeuge aller Zeiten
(4208) Von Richard J. Höhn und Hans G. Isenberg, 96 S., 86 großformatige Farbfotos, Pappband. **DM 24,80**/S 198,–

Die schnellsten Motorräder der Welt
(4206) Von Hans G. Isenberg und Dirk Maxeiner. 96 S., 100 großformatige Farbfotos, Pappband. **DM 24,80**/S 198,–

Motorrad-Hits
Chopper, Tribikes, Heiße Öfen (4221) Von Hans G. Isenberg, 96 S., 119 Farbfotos, Pappband. **DM 24,80**/S 198,–

Ferngelenkte Segelflugmodelle
bauen und fliegen. (0446) Von Werner Thies, 176 S., 22 s/w-Fotos, 115 Zeichnungen, kart. **DM 14,80**/S 119,–

ZDF-Freizeitkalender 1985
(0697) 30 S., 32 Zeichnungen,
DM 12,80/S 99,–

Münzen
Ein Brevier für Sammler. (0353) Von Erhard Dehnke, 128 S., 4 Farbtafeln, 17 s/w-Abb., kart. **DM 9,80**/S 79.–

Astronomie als Hobby
Sternbilder und Planeten erkennen und benennen. (0572) Von Detlev Block, 176 S., 16 Farbtafeln, 49 s/w-Fotos, 93 Zeichnungen, kart. **DM 14,80**/S 119.–

Gitarre spielen
Ein Grundkurs für den Selbstunterricht. (0534) Von Atti Roßmann, 96 S., 1 Schallfolie, 150 Zeichnungen, kart.
DM 24,80/S 198.–

Falken-Handbuch **Zaubern**
Über 400 verblüffende Tricks. (4063) Von Friedrich Stutz, 368 S., 1200 Zeichnungen, geb. **DM 29,80**/S 239.–

Die liebenswerte Welt der Puppen
(2212) Von Ursula D. Damrau, 80 S., 60 Fotos, Pappband. **DM 9,80**/S 85.–

Entdecken Sie den **Hunsrück**
(2502) Von Gerhard Eckert, 96 S., 60 Farbfotos, kart., **DM 9,80**/S 79.–

Entdecken Sie das **Hochsauerland und den Arnsberger Wald**
(2503) Von Gerhard Eckert, 96 S., 75 Farbfotos, 3 Karten, kart.
DM 9,80/S 79.–

Entdecken Sie **Kärnten**
(2505) Von Gerhard Eckert, 96 S., 96 Farbfotos, kart. **DM 9,80**/S 79.–

Entdecken Sie den **Bodensee**
(2506) Von Gerhard Eckert, 96 S., 97 Farbfotos, kart. **DM 9,80**/S 79.–

Entdecken Sie das **Montafon**
(2501) Von Gerhard Eckert, 96 S., 82 Farbfotos, kart. **DM 9,80**/S 79.–

Romantisches Deutschland
(4168) Von H. Bücken, 160 S., über 350 Fotos, Pappband, **DM 25,–**/S 200.–

Zaubern
einfach – aber verblüffend. (2018) Von Dieter Buoch, 84 S., 41 Zeichnungen, kart. **DM 6,80**/S 59.–

Zaubertricks
Das große Buch der Magie. (0282) Von Jochen Zmeck, 244 S., 113 Abb., kart.
DM 14,80/S 119.–

Magische Zaubereien
(0672) Von Wilhelm Widenmann, 64 S., 31 Zeichnungen, kart. **DM 7,80**/S 69.–

Pfeife rauchen
(2203) Von Walter Hufnagel, 80 S., 77 Farbfotos, 4 s/w-Fotos, 11 Zeichnungen, Pappband. **DM 9,80**/S 85.–

Mineralien, Steine und Fossilien
Grundkenntnisse für Hobbysammler. (0437) Von Dieter Stobbe, 96 S., 16 Farbtafeln, 14 s/w-Fotos, 10 Zeichnungen, kart. **DM 9,80**/S 79.–

Freizeit mit dem Mikroskop
(0291) Von Martin Deckart, 132 S., 69 s/w-Fotos, 4 Zeichnungen, kart.
DM 9,80/S 79.–

Mineralien und Steine
erkennen und benennen. Farben · Formen · Fundorte. (0409) Von Rudolf Graubner, 136 S., 100 Farbfotos, kart.
DM 14,80/S 119.–

Briefmarken
sammeln für Anfänger. (0481) Von Dieter Stein, 120 S., 4 Farbtafeln, 98 s/w-Abb., kart. **DM 7,80**/S 69.–

FALKEN VERLAG

Sport

Judo
Grundlagen des Stand- und Bodenkampfes. (4013) Von Wolfgang Hofmann, 244 S., 589 Fotos, gebunden **DM 29,80** /S 239.–

Neue Lehrmethoden der Judo-Praxis
(0424) Von Pierre Herrmann, 223 S., 475 Abb., kart. **DM 16,80** /S 139.–

Judo
Grundlagen – Methodik. (0305) Von Mahito Ohgo, 208 S., 1025 Fotos, kart. **DM 14,80** /S 119.–

Wir machen Judo
(5069) Von Riccardo Bonfranchi und Ulrich Klocke, 92 S., mit Bewegungsabläufen in cartoonartigen zweifarbigen Zeichnungen, kart. **DM 12,80** /S 99.–

Fußwürfe
für Judo, Karate und Selbstverteidigung. (0439) Von Hayward Nishioka, 96 S., 260 Abb., kart. **DM 9,80** /S 79.–

Karate für alle
Karate Selbstverteidigung in Bildern. (0314) Von Albrecht Pflüger, 112 S., 356 s/w-Fotos, kart. **DM 9,80** /S 79.–

Karate für Frauen und Mädchen
Sport und Selbstverteidigung. (0425) Von Albrecht Pflüger, 168 S., 259 s/w-Fotos, kart. **DM 9,80** /S 79.–

Das Karate-Buch Ereignis seit Jahren! Alles Wissen über KARATE – die hohe Kunst der Selbstverteidigung – in einer 8bändigen Buchserie.

Nakayamas Karate perfekt 1
Einführung. (0487) Von Masatoshi Nakayama, 136 S., 605 s/w-Fotos, kart. **DM 19,80** /S 159.–

Nakayamas Karate perfekt 2
Grundtechniken. (0512) Von Masatoshi Nakayama, 136 S., 354 s/w-Fotos, 53 Zeichnungen, kart. **DM 19,80** /S 159.–

Nakayamas Karate perfekt 3
Kumite 1: Kampfübungen. (0538) Von Masatoshi Nakayama, 128 S., 424 s/w-Fotos, kart. **DM 19,80** /S 159.–

Nakayamas Karate perfekt 4
Kumite 2: Kampfübungen. (0547) Von Masatoshi Nakayama, 128 S., 394 s/w-Fotos, kart. **DM 19,80** /S 159.–

Nakayamas Karate perfekt 5
Kata 1: Heian, Tekki. (0571) Von Masatoshi Nakayama, 144 S., 1229 s/w-Fotos, kart. **DM 19,80** /S 159.–

Nakayamas Karate perfekt 6
Kata 2: Bassai-Dai, Kanku-Dai, (0600) Von Masatoshi Nakayama, 144 S., 1300 s/w-Fotos, 107 Zeichnungen, kart. **DM 19,80** /S 159.–

Nakayamas Karate perfekt 7
Kata 3: Jitte, Hangetsu, Empi. (0618) Von Masatoshi Nakayama, 144 S., 1988 s/w-Fotos, 105 Zeichnungen, kart. **DM 19,80** /S 159.–

Nakayamas Karate perfekt 8
Gankaku, Jion. (0650) Von Masatoshi Nakayama, 144 S., 1174 s/w-Fotos, kart. **DM 19,80** /S 159.–

Kontakt-Karate
Ausrüstung · Technik · Training. (0396) Von Albrecht Pflüger, 112 S., 238 s/w-Fotos, kart. **DM 14,80** /S 119.–

Karate-Do
Das Handbuch des modernen Karate. (4028) Von Albrecht Pflüger, 360 S., 1159 Abb., gebunden. **DM 29,80** /S 239.–

Bo-Karate
Kukishin-Ryu – die Techniken des Stockkampfes. ((0447) Von Georg Stiebler, 176 S., 424 s/w-Fotos, 38 Zeichnungen, kart. **DM 16,80** /S 139.–

Karate I
Einführung · Grundtechniken. (0227) Von Albrecht Pflüger, 148 S., 195 s/w-Fotos und Zeichnungen, kart. **DM 9,80** /S 79.–

Karate II
Kombinationstechniken · Katas. (0239) Von Albrecht Pflüger, 176 S., 452 s/w-Fotos und Zeichnungen, kart. **DM 9,80** /S 79.–

Karate Kata I
(0683) Von Wolf-Dieter Wichmann, ca. 144 S., ca. 350 Fotos, kart. **ca. DM 16,80** /S 139.–

Der König des Kung-Fu
Bruce Lee
Sein Leben und Kampf. (0392) Von seiner Frau Linda. 136 S., 104 s/w-Fotos, mit großem Bruce-Lee-Poster, kart. **DM 19,80** /S 159.–

Bruce Lees Kampfstil 1
Grundtechniken. (0473) Von Bruce Lee und M. Uyehara, 109 S., 220 Abb., kart. **DM 9,80** /S 79.–

Bruce Lees Kampfstil 2
Selbstverteidigungstechniken. (0486) Von Bruce Lee und M. Uyehara, 128 S., 310 Abb., kart. **DM 9,80** /S 79.–

Bruce Lees Kampfstil 3
Trainingslehre. (0503) Von Bruce Lee und M. Uyehara, 112 S., 246 Abb., kart. **DM 9,80** /S 79.–

Bruce Lees Kampfstil 4
Kampftechniken. (0523) Von Bruce Lee und M. Uyehara, 104 S., 211 Abb., kart. **DM 9,80** /S 79.–

Bruce Lees Jeet Kune Do
(0440) Von Bruce Lee, übersetzt von Hans-Jürgen Hesse, 192 S., mit 105 eigenhändigen Zeichnungen von Bruce Lee, kart. **DM 19,80** /S 159.–

Ju-Jutsu
Grundtechniken – Moderne Selbstverteidigung. (0276) Von Werner Heim und Franz J. Gresch, 160 S., über 600 s/w-Fotos, kart. **DM 9,80** /S 79.–

Ju-Jutsu 2
für Fortgeschrittene und Meister. (0378) Von Werner Heim und Franz J. Gresch, 164 S., 798 s/w-Fotos, kart. **DM 19,80** /S 159.–

Ju-Jutsu 3
Spezial-, Gegen- und Weiterführungstechniken. (0485) Von Werner Heim und Franz J. Gresch, 214 S., über 600 s/w-Fotos, kart. **DM 19,80** /S 159.–

Nunchaku
Waffe · Sport · Selbstverteidigung. (0373) Von Albrecht Pflüger, 144 S., 247 Abb., kart. **DM 16,80** /S 139.–

Shuriken · Tonfa · Sai
Stockfechten und andere bewaffnete Kampfsportarten aus Fernost. (0397) Von Andreas Schulz, 96 S., 253 s/w-Fotos, kart. **DM 12,80** /S 99.–

Illustriertes Handbuch des Taekwon-Do
Koreanische Kampfkunst und Selbstverteidigung. (4053) Von Konstantin Gil, 248 S., 1026 Abb., gebunden. **DM 29,80** /S 239.–

Taekwon-Do
Koreanischer Kampfsport. (0347) Von Konstantin Gil, 152 S., 408 Abb., kart. **DM 12,80** /S 99.–

Aikido
Lehren und Techniken des harmonischen Weges. (0537) Von Rolf Brand, 280 S., 697 Abb., kart. **DM 19,80** /S 159.–

Kung-Fu und Tai-Chi
Grundlagen und Bewegungsabläufe. (0367) Von Bruce Tegner, 182 S., 370 s/ w-Fotos, kart. **DM 14,80** /S 119.–

Kung-Fu II
Theorie und Praxis klassischer und moderner Stile. (0376) Von Manfred Pabst, 160 S., 330 Abb., kart. **DM 12,80** /S 99.–

Shaolin-Kempo – Kung-Fu
Chinesisches Karate im Drachenstil. (0395) Von Ronald Czerni und Klaus Konrad. 246 S., 723 Abbildungen, kart. **DM 19,80** /S 159.–

Hap Ki Do
Grundlagen und Techniken koreanischer Selbstverteidigung. (0379) Von Kim Sou Bong, 112 S., 153 Abb., kart. **DM 14,80** /S 119.–

Dynamische Tritte
Grundlagen für den Zweikampf. (0438) Von Chong Lee, 96 S., 398 s/w-Fotos, 10 Zeichnungen, kart. **DM 9,80** /S 79.–

Muskeltraining mit Hanteln
Leistungssteigerung für Sport und Fitness. (0676) Von Hans Schulz, 108 S., 92 s/w-Fotos, 2 Zeichnungen, kart. **DM 9,80** /S 79.–

Leistungsfähiger durch Krafttraining
Eine Anleitung für Fitness-Sportler, Trainer und Athleten (0617) Von Werner Kieser, 100 S., 20 s/w-Fotos, 62 Zeichnungen, kart. **DM 9,80** /S 79.–

Bodybuilding
Anleitung zum Muskel- und Konditionstraining für sie und ihn. (0604) Von Reinhard Smolana. 160 S., 172 Fotos, kart. **DM 9,80** /S 79.–

Bodybuilding für Frauen
Wege zu Ihrer Idealfigur (0661) Von Hans Schulz, 108 S., 84 s/w-Fotos, großes farbiges Übungsposter, kart. **DM 14,80** /S 119.–

Die Preise entsprechen dem Status beim Druck dieses

Isometrisches Training
Übungen für Muskelkraft und Entspannung. (0529) Von Lothar M. Kirsch, 140 S., 164 s/w-Fotos, kart. **DM 9,80**/S 79.–

Radsport
Radtouristik und Rennen, Technik, Typen. (0550) Von Karl Ziegler und Rolf Lehmann, 120 S., 55 Abb., kart. **DM 9,80**/S 79.–

Walking
Fit, schlank und gesund durch Sportgehen. (0602) Von Gary D. Yanker, 104 S., 47 s/w-Fotos, kart. **DM 12,80**/S 99.–

Spaß am Laufen
Jogging für die Gesundheit. (0470) Von Werner Sonntag, 140 S., 41 s/w-Fotos, 1 Zeichnung, kart. **DM 9,80**/S 79.–

Mein bester Freund, der Fußball
(5107) Von Detlev Brüggemann und Dirk Albrecht, 144 S., 171 Abb., kart. **DM 16,80**/S 139.–

Fußball
Training und Wettkampf. (0448) Von Holger Obermann und Peter Walz, 166 S., 93 s/w-Fotos, 56 Zeichnungen, kart. **DM 12,80**/S 99.–

Handball
Technik – Taktik – Regeln. (0426) Von Fritz und Peter Hattig, 128 S., 91 s/w-Fotos, 121 Zeichnungen, kart. **DM 14,80**/S 119.–

Volleyball
Technik – Taktik – Regeln. (0351) Von Henner Huhle, 102 S., 330 Abb., kart. **DM 9,80**/S 79.–

Basketball
Technik und Übungen für Schule und Verein. (0279) Von Chris Kyriasoglou, 116 S., mit 252 Übungen zur Basketballtechnik, 186 s/w-Fotos und 164 Zeichnungen, kart. **DM 12,80**/S 99.–

Hockey
Technische und taktische Grundlagen. (0398) Von Horst Wein, 152 S., mit vielen Zeichnungen und Fotos, kart. **DM 16,80**/S 139.–

Eishockey
Lauf- und Stocktechnik, Körperspiel, Taktik, Ausrüstung und Regeln. (0414) Von Josef Čapla, 264 S., 567 s/w-Fotos, 163 Zeichnungen, kart. **DM 19,80**/S 159.–

Badminton
Technik · Taktik · Training. (0699) Von Klaus Fuchs, Lars Sologub, 168 S., 51 Farbabb., kart., **DM 16,80**/S 139.–

Golf
Ausrüstung – Technik – Regeln. (0343) Von J. C. Jessop, übersetzt von Heinz Biemer, mit einem Vorwort von H. Krings, Präsident des Deutschen Golf-Verbandes, 160 S., 65 Abb., Anhang Golfregeln des DGV, kart. **DM 16,80**/S 139.–

Pool-Billard
(0484) Herausgegeben vom Deutschen Pool-Billard-Bund, von Manfred Bach und Karl-Werner Kühn, 88 S., mit über 80 Abb., kart. **DM 7,80**/S 69.–

Sportschießen
für jedermann. (0502) Von Anton Kovacic, 124 S., 116 s/w-Fotos, kart. **DM 14,80**/S 119.–

Fechten
Florett · Degen · Säbel. (0449) Von Emil Beck, 88 S., 219 Fotos und Zeichnungen, kart. **DM 11,80**/S 94.–

Reiten
Dressur · Springen · Gelände. (0415) Von Ute Richter, 168 S., 235 Abb., kart. **DM 12,80**/S 99.–

Reiten
Vom ersten Schritt zum Reiterglück (5033) Von Herta F. Kraupa-Tuskany, 64 S., 34 Farbfotos, 2 Zeichnungen, Pappband. **DM 12,80**/S 99.–

Voltigieren.
Pflicht · Kür · Wettkampf. (0455) Von Josephine Bach, 120 S., 4 Farbtafeln, 88 s/w-Fotos, kart. **DM 12,80**/S 99.–

Fibel für Kegelfreunde
Sport- und Freizeitkegeln · Bowling. (0191) Von Georg Bocsai, 72 S., mit über 60 Abb., kart. **DM 5,80**/S 49.–

Beliebte und neue Kegelspiele
(0271) Von Georg Bocsai, 92 S., 62 Abb., kart. **DM 5,80**/S 49.–

111 spannende Kegelspiele
(2031) Von Hermann Regulski, 88 S., 53 Zeichnungen, kart., **DM 7,80**/S 69.–

Ski-Gymnastik
Fit für Piste und Loipe. (0450) Von Hannelore Pilss-Samek, 104 S., 67 s/w-Fotos, 20 Zeichnungen, kart. **DM 6,80**/S 59.–

Skischule
Ausrüstung · Technik · Gymnastik. (0369) Von Richard Kerler, 128 S., 100 Abb., kart. **DM 9,80**/S 79.–

Skilanglauf, Skiwandern
Ausrüstung und Techniken (5129) Von Toni Reiter und Richard Kerler, 80 S., 8 Farbtafeln, 85 Zeichnungen und s/w-Fotos, kart. **DM 12,80**/S 99.–

Alpiner Skisport
Ausrüstung · Techniken · Skigymnastik (5130) Von Kuno Meßmann, 128 S., 8 Farbfotos, 93 s/w-Fotos, 45 Zeichnungen, kart. **DM 12,80**/S 99.–

Frust und Freud beim Tennis
Psychologische Studien der Spielertypen und Verhaltensweisen. (4079) Von H. Cath, A. Kahn und N. Cobb, 176 S., gebunden. **DM 19,80**/S 159.–

Die neue Tennis-Praxis
Der individuelle Weg zu erfolgreichem Spiel. (4079) Von Richard Schönborn, 240 S., 202 Farbzeichnungen, gebunden. **DM 39,–**/S 319.–

Erfolgreiche Tennis-Taktik
(4086) Von Robert Ford Greene, übersetzt von Michael Rolf Fischer, 181 S., 87 Abb., kart. **DM 19,80**/S 159.–

Tennis kompakt
Der erfolgreiche Weg zu Spiel, Satz und Sieg. (5116) Von Wilfried Taferner, 128 S., 82 s/w-Fotos, 67 Zeichnungen, kart. **DM 12,80**/S 99.–

Tennis
Technik – Taktik – Regeln. (0375) Von Harald Elschenbroich, 112 S., 81 Abb., kart. **DM 6,80**/S 59.–

Squash
Ausrüstung – Technik – Regeln. (0539) Von Dietrich von Horn und Hein-Dirk Stünitz, 96 S., 55 s/w-Fotos, 25 Zeichnungen, kart. **DM 8,80**/S 74.–

Tischtennis
modern gespielt mit TT-Quiz 17 : 21. (0363) Von Ossi Brucker und Tibor Harangozo, 120 S., 65 Abb., kart. **DM 9,80**/S 79.–

Sporttauchen
Theorie und Praxis des Gerätetauchens. (0647) Von Siegfried Müßig, 144 S., 8 Farbtafeln, 35 s/w-Fotos, 89 Zeichnungen, kart., **DM 12,80**/S 99.–

Falken-Handbuch **Tauchsport**
Theorie · Geräte · Technik · Training. (4062) Von Wolfgang Freihen, 268 S., 32 Farb- u. 201 s/w-Fotos, gebunden. **DM 39,–**/S 319.–

Segeln
(4207) Von Claus Hehner, 96 S., 106 großformatige Farbfotos, Pappband. **DM 24,80**/S 198.–

Windsurfing
Lehrbuch für Grundschein und Praxis. (5028) Von Calle Schmidt, 64 S., 60 Farbfotos, Pappband. **DM 12,80**/S 99.–

Sportfischen
Fische – Geräte – Technik. (0324) Von Helmut Oppel, 144 S., 49 s/w-Fotos, 8 Farbtafeln, kart. **DM 9,80**/S 79.–

Falken-Handbuch **Angeln**
in Binnengewässern und im Meer. (4090) Von Helmut Oppel, 344 S., 24 Farbtafeln, 66 s/w-Fotos, 151 Zeichnungen, gebunden. **DM 39,–**/S 319.–

Angeln
Kleine Fibel für den Sportfischer. (0198) Von Eberhard Bondick, 96 S., 116 Abb., kart. **DM 8,80**/S 74.–

Die Erben Lilienthals
Sportfliegen heute
(4054) Von Günter Brinkmann, 240 S., 32 Farbtafeln, 176 s/w-Fotos, 33 Zeichnungen, gebunden. **DM 39,–**/S 319.–

Einführung in das Schachspiel
(0104) Von Walter Wollenschläger und Karl Colditz, 92 S., 65 Diagramme, kart. **DM 6,80**/S 59.–

Schach-WM '81
Karpow – Kortschnoi. Mit ausführlichem Kommentar zu allen Partien. (0583) Von Großmeister Helmut Pfleger und Otto Borik, 179 S., zahlreiche Diagramme und Fotos, kart. **DM 16,80**/S 139.–

Spielend Schach lernen
(2002) Von Theo Schuster, 128 S., kart. **DM 6,80**/S 59.–

Kinder- und Jugendschach
Offizielles Lehrbuch zur Erringung der Bauern-, Turm- und Königsdiplome des Deutschen Schachbundes. (0561) Von Berend J. Withuis und Helmut Pfleger, 144 S., 11 s/w-Fotos, 223 Abb., kart. **DM 12,80**/S 99.–

Neue Schacheröffnungen
(0478) Von Theo Schuster, 108 S., 100 Diagramme, kart. **DM 8,80**/S 74.–

Schach für Fortgeschrittene
Taktik und Probleme des Schachspiels. (0219) Von Rudolf Teschner, 96 S., 85 Schachdiagramme, kart. **DM 5,80**/S 49.–

Schach TV-Worldcup '82
Turnier der Schachgroßmeister. (4133) Von Helmut Pfleger und Eugen Kurz, 208 S., 41 s/w-Fotos, 3 Zeichnungen, gebunden.
DM 26,80/S 218.–

Schachstrategie
Ein Intensivkurs mit Übungen und ausführlichen Lösungen. (0584) Von Alexander Koblenz, dt. Bearb. von Karl Colditz, 212 S., 240 Diagramme, kart.
DM 16,80/S 139.–

Falken-Handbuch **Schach**
Das Handbuch für Anfänger und Könner. (4051) Von Theo Schuster, 360 S., über 340 Diagramme, gebunden.
DM 29,80/S 239.–

Die besten Partien der deutschen Schachgroßmeister
(4121) Von Helmut Pfleger, 192 S., 29 s/w-Fotos, 89 Diagramme, Pappband.
DM 29,80/S 239.–

Turnier der Schachgroßmeister '83
Karpow · Hort · Browne · Miles · Chandler · Garcia · Rogers · Kindermann. (0718) Von Helmut Pfleger · Eugen Kurz, 176 S., 28 s/w-Fotos, 69 Diagramme, kart. **DM 16,80**/S 139.–

Lehr-, Übungs- und Testbuch der Schachkombinationen
(0649) Von Karl Colditz, 184 S., über 200 Diagramme, kart.
DM 14,80/S 119.–

Zug um Zug
Schach für jedermann 1
Offizielles Lehrbuch des Deutschen Schachbundes zur Erringung des Bauerndiploms. (0648) Von Helmut Pfleger und Eugen Kurz, 80 S., 24 s/w-Fotos, 8 Zeichnungen, 60 Diagramme, kart. **DM 6,80**/S 59.–

Schach als Kampf
(0729) Von Gary Kasparow, 144 S., 95 Diagramme, 9 s/w-Fotos, kart.,
DM 14,80/S 119,–

Zug um Zug
Schach für jedermann 2
Offizielles Lehrbuch des Deutschen Schachbundes zur Erringung des Turmdiploms. (0659) Von Helmut Pfleger und Eugen Kurz, 132 S., 8 s/w-Fotos, 14 Zeichnungen, 78 Diagramme, kart.
DM 9,80/S 79.–

Schachtraining mit den Großmeistern
(0670) Von Hans Bouwmeester, 128 S., 90 Diagramme, kart.
DM 14,80/ S 119.–

Spiele, Denksport, Unterhaltung

Kartenspiele
(2001) Von Claus D. Grupp, 144 S., kart. **DM 7,80**/S 69.–

Neues Buch der siebzehn und vier Kartenspiele
(0095) Von Karl Lichtwitz, 96 S., kart. **DM 6,80**/S 59.–

Alles über Pokern
Regeln und Tricks. (2024) Von Claus D. Grupp, 120 S., 29 Kartenbilder, kart.
DM 8,80/S 74.–

Rommé und Canasta
in allen Variationen. (2025) Von Claus D. Grupp, 124 S., 24 Zeichnungen, kart.,
DM 9,80/S 79.–

Schafkopf, Doppelkopf, Binokel, Cego, Gaigel, Jaß, Tarock und andere „Lokalspiele".
(2015) Von Claus D. Grupp, 152 S., kart. **DM 9,80**/S 79.–

Das Skatspiel
Eine Fibel für Anfänger. (0206) Von Karl Lehnhoff, überarb. von P. A. Höfges, 96 S., kart.
DM 5,80/S 49.–

Falken-Handbuch **Patiencen**
(4151) Von U. v. Lyncker, ca. 192 S., ca. 120 Abbildungen, Pappband.
DM 19,80/S 159.–

Patiencen
in Wort und Bild. (2003) Von Irmgard Wolter, 136 S., kart. **DM 7,80**/S 69.–

Kartentricks
(2010) Von Theodor A. Rosee, 80 S., 13 Zeichnungen, kart. **DM 6,80**/S 59.–

Neue Kartentricks
(2027) Von Klaus Pankow, 104 S., 20 Abb., kart. **DM 7,80**/S 69.–

Falken-Handbuch **Bridge**
Von den Grundregeln zum Turniersport. (4092) Von Wolfgang Voigt und Karl Ritz, 276 S., 792 Zeichnungen, gebunden.
DM 39,-/S 319.–

Spielend Bridge lernen
(2012) Von Josef Weiss, 108 S., kart. **DM 7,80**/S 69.–

Spieltechnik im Bridge
(2004) Von Victor Mollo und Nico Gardener, deutsche Adaption von Dirk Schröder, 216 S., kart.
DM 16,80/S 139.–

Besser Bridge spielen
Reiztechnik, Spielverlauf und Gegenspiel. (2026) Von Josef Weiss, 143 S., mit vielen Diagrammen, kart. **DM 14,80**/S 119.–

Mah-Jongg
Das chinesische Glücks-, Kombinations- und Gesellschaftsspiel. (2030) Von Ursula Eschenbach, 80 S., 30 s/w-Fotos, 5 Zeichnungen, kart. **DM 9,80**/S 79.–

Backgammon
für Anfänger und Könner. (2008) Von Georg W. Fink und Guido Fuchs, 116 S., 41 Abb., kart. **DM 9,80**/S 79.–

Würfelspiele
für jung und alt. (2007) Von Friedrich Pruss, 112 S., kart. **DM 7,80**/S 69.–

Gesellschaftsspiele
für drinnen und draußen. (2006) Von Heinz Görz, 128 S., kart.
DM 6,80/S 59.–

Spiele für Party und Familie
(2014) Von Rudi Carell, 160 S., 50 Abb., gebunden. **DM 9,80**/S 79.–

Dame
Das Brettspiel in allen Variationen. (2028) Von Claus D. Grupp, 104 S., viele Diagramme, kart. **DM 9,80**/S 79.–

Das japanische Brettspiel GO
(2020) Von Winfried Dörholt, 104 S., 182 Diagramme, kart. **DM 9,80**/S 79.–

So gewinnt man gegen Video- und Computerspiele
(0644) Von Christine Kerler, 160 S., 25 Zeichnungen, 21 s/w-Fotos, kart.
DM 6,80/S 59.–

Denksport und Schnickschnack
für Tüftler und fixe Köpfe. (0362) Von Jürgen Barto, 100 S., 45 Abb., kart.
DM 6,80/S 59.–

Rätselspiele, Quiz- und Scherzfragen
für gesellige Stunden. (0577) Von Karl-Hermann Schneider, 168 S., über 100 Zeichnungen, Pappband.
DM 16,80/S 139.–

Knobeleien und Denksport
(2019) Von Klas Rechberger, 142 S., mit vielen Zeichnungen, kart.
DM 7,80/S 69.–

Quiz
Mehr als 1500 ernste und heitere Fragen aus allen Gebieten. (0129) Von Reinhold Sautter und Waltraud Pröve, 92 S., 9 Zeichnungen, kart. **DM 6,80**/S 59.–

Der große Rätselknacker
Über 100.000 Rätselfragen. (4022) Zusammengestellt von Hans-Jürgen Winkler, 544 S., kart.
DM 19,80/S 159.–

Rätsel lösen – ein Vergnügen
Ein Lexikon für Rätselfreunde. (0182) Von Erich Maier, 240 S., kart.
DM 12,80/S 99.–

500 Rätsel selberraten
(0681) Von Eberhard Krüger, 272 S., kart. **DM 9,95**/S 79.–

501 Rätsel selberraten
(0711) Von Eberhard Krüger, 272 S., kart. **DM 9,95**/S 79.–

Das Super-Kreuzwort-Rätsel-Lexikon
Über 150.000 Begriffe. (4126) Von Hans Schiefelbein, 688 S., Pappband.
DM 19,80/S 159.–

Punkt, Punkt, Komma, Strich
Zeichenstunden für Kinder. (0564) Von Hans Witzig, 144 S., über 250 Zeichnungen, kart. **DM 6,80**/S 59.–

Einmal grad und einmal krumm
Zeichenstunden für Kinder. (0599) Von Hans Witzig, 144 S., 363 Abb., kart.
DM 6,80/S 59.–

FALKEN VERLAG

Die Preise entsprechen dem Status beim Druck dieses

Kinderspiele
die Spaß machen.
(2009) Von Helen Müller-Stein, 112 S., 28 Abb., kart. **DM 6,80**/S 59.–

Spiele für Kleinkinder
(2011) Von Dieter Kellermann, 80 S., kart. **DM 5,80**/S 49.–

Kasperletheater
Spieltexte und Spielanleitungen · Basteltips für Theater und Puppen. (0641) Von Ursula Lietz, 136 S., 4 Farbtafeln, 12 s/w-Fotos, 39 Zeichnungen, kart. **DM 9,80**/S 79.–

Kindergeburtstag
Vorbereitung, Spiel und Spaß. (0287) Von Dr. Ilse Obrig, 104 S., 40 Abb., 11 Zeichnungen, 9 Lieder mit Noten, kart. **DM 5,80**/S 49.–

Kinderfeste
daheim und in Gruppen. (4033) Gerda Blechner, 240 S., 320 Abb., gebunden. **DM 19,80**/S 159.–

Scherzfragen, Drudel und Blödeleien
gesammelt von Kindern. (0506) Herausgegeben von Waltraud Pröve, 112 S., 57 Zeichnungen, kart. **DM 5,80**/S 49.–

Die Schlümpfe und ihre Freunde
(0686) Von Peyo, 80 S., viele Zeichnungen, kart. **DM 2,95**/S 24.–

Die Schlümpfe und der Zauberer Gargamel
(0687) Von Peyo, 80 S., viele Zeichnungen, kart. **DM 2,95**/S 24.–

Die Schlümpfe und Schlumpfinchen
(0688) Von Peyo, 80 S., viele Zeichnungen, kart. **DM 2,95**/S 24.–

Die Schlümpfe in Schlumpfhausen
(0689) Von Peyo, 80 S., viele Zeichnungen, kart. **DM 2,95**/S 24.–

Kein schöner Land ...
Das große Buch unserer beliebtesten Volkslieder. (4150) Das Buch zur Aktion „Dalli-Dalli hilft", 208 S., 108 Farbzeichnungen, Pappband. **19,80**/S 159.–

Die schönsten Wander- und Fahrtenlieder
(0462) Herausgegeben von Franz R. Miller, empfohlen vom Deutschen Sängerbund, 80 S., mit Noten und Zeichnungen, kart. **DM 5,80**/S 49.–

Die schönsten Volkslieder
(0432) Herausgegeben von Dietmar Walther, 128 S., mit Noten und Zeichnungen, kart. **DM 4,80**/S 39.–

Die schönsten Berg- und Hüttenlieder
(0514) Herausgegeben von Franz R. Miller, empfohlen vom Deutschen Sängerbund, 104 S., mit Noten und Zeichnungen, kart. **DM 5,80**/S 49.–

Wir lernen tanzen
Standard- und lateinamerikanische Tänze. (0200) Von Ernst Fern, 168 S., 118 s/w-Fotos, 47 Zeichnungen, kart. **DM 9,80**/S 79.–

Tanzstunde
(5018) Von Gerd Hädrich, 172 S., 442 s/w-Fotos, 140 Zeichnungen, Pappband. **DM 19,80**/S 159.–

So tanzt man Rock'n'Roll
Grundschritte · Figuren · Akrobatik. (0573) Von Wolfgang Steuer und Gerhard Marz, 224 S., 303 Abb., kart. **DM 16,80**/S 139.–

Wir geben eine Party
(0192) Von Elisabeth Ruge, 88 S., 8 Farbtafeln, 23 Zeichnungen, kart. **DM 8,80**/S 74.–

Neue Spiele für Ihre Party
(2022) Von Gerda Blechner, 120 S., 54 Zeichnungen, kart. **DM 7,80**/S 69.–

Lustige Tanzspiele und Scherztänze
für Parties und Feste. (0165) Von Ewald Bäulke, 80 S., 53 Abb., kart. **DM 6,80**/S 59.–

Straßenfeste, Flohmärkte und Basare
Praktische Tips für Organisation und Durchführung. (0592) Von Hugo Schuster, 96 S., 52 Fotos, 17 Zeichnungen, kart. **DM 12,80**/S 99.–

Black Jack
Regeln und Strategien des Kasinospiels (2032) Von Konrad Kelbratowski, 88 S., kart. **DM 9,80**/S 79.–

Roulette richtig gespielt
Systemspiele, die Vermögen brachten. (0121) Von Martin Jung, 96 S., zahlreiche Tabellen, kart. **DM 7,80**/S 69.–

Kartenspiele für Kinder
(0533) Von Claus D. Grupp, 136 S., 24 Abb., kart. **DM 6,80**/S 59.–

Disco-Tänze
(0491) Von Barbara und Felicitas Weber, 104 S., 104 Abb., kart. **DM 6,80**/S 59.–

365 Schwedenrätsel
(4173) Von Günther Borutta, 336 S., kart. **DM 16,80**/S 139.–

Kindergeburtstage die keiner vergißt
Planung, Gestaltung, Spielvorschläge (0698) Von G. und G. Zimmermann, 102 S., kart. **DM 9,80**/S 79.–

Es war einmal ...
Unsere beliebtesten Märchen
(4170) Hrsg. von R. Wehse und D. Enzian, 208 S., 119 Zeichnungen, Pappband, **DM 19,80**/S 159.–

Wilhelm-Busch-Album
Jubiläumsausgabe mit 1700 farbigen Bildern. (3028) 408 S., Großformat, geb. **DM 39,–**/S 319.–

Es ist ein Brauch von alters her ...
Lebensweisheiten
(2214) Von Wilhelm Busch, 80 S., 38 Zeichnungen, Pappband. **DM 9,80**/ S 85.–

Lachen, Witz und gute Laune
Lustige Texte für Ansagen und Vorträge. (0149) Von Erich Müller, 104 S., 44 Abb., kart. **DM 6,80**/S 59.–

Tolle Sketche
mit zündenden Pointen – zum Nachspielen. (0656) Von Eberhard Cohrs, 112 S., kart. **DM 9,80**/S 79.–

Vergnügliche Sketche
(0476) Von Horst Pillau, 96 S., mit lustigen Zeichnungen, kart. **DM 6,80**/S 59.–

Heitere Vorträge
(0528) Von Erich Müller, 182 S., 14 Zeichnungen, kart. **DM 9,80**/S 79.–

Die große Lachparade
Neue Texte für heitere Vorträge und Ansagen. (0188) Von Erich Müller, 108 S., kart. **DM 6,80**/S 59.–

So feiert man Feste fröhlicher
Heitere Vorträge und Gedicht. (0098) Von Dr. Allos, 96 S., 15 Abb., kart. **DM 5,80**/S 49.–

Lustige Vorträge für fröhliche Feiern
Sketche, Vorträge und Conferencen für Karneval und fröhliche Feste. (0284) Von Karl Lehnhoff, 96 S., kart. **DM 6,80**/S 59.–

Vergnügliches Vortragsbuch
(0091) Von Joseph Plaut, 192 S., kart. **DM 7,80**/S 69.–

Tolle Sachen zum Schmunzeln und Lachen
Lustige Ansagen und Vorträge. (0163) Von Erich Müller, 92 S., kart. **DM 6,80**/S 59.–

Humor für jedes Ohr
Fidele Sketche und Ansagen. (0157) Von Heinz Ehnle, 96 S., kart. **DM 6,80**/S 59.–

Sketche und spielbare Witze
für bunte Abende und andere Feste. (0445) Von Hartmut Friedrich, 120 S., 7 Zeichnungen, kart. **DM 6,80**/S 59.–

Sketsche
Kurzspiele zu amüsanter Unterhaltung. (0247) Von Margarete Gering, 132 S., 16 Abb., kart., **DM 6,80**/59.–

Dalli-Dalli-Sketche
aus dem heiteren Ratespiel von und mit Hans Rosenthal. (0527) Von Horst Pillau, 144 S., 18 Zeichnungen, kart. **DM 9,80**/S 79.–

Non Stop Nonsens
Sketche und Witze mit Spielanleitungen. (0511) Von Dieter Hallervorden, 160 S., geb. **DM 14,80**/S 119.–

Lustige Sketche für Jungen und Mädchen
(0669) Von Ursula Lietz und Ulrike Lange, 104 S., kart. **DM 7,80**/S 69.–

FALKEN VERLAG

Gereimte Vorträge
für Bühne und Bütt. (0567) Von Günter Wagner, 96 S., kart. **DM 7,80**/S 69.–

Damen in der Bütt
Scherze, Büttenreden, Sketche. (0354) Von Traudi Müller, 136 S., kart. **DM 8,80**/S 74.–

Narren in der Bütt
Leckerbissen aus dem rheinischen Karneval. (0216) Zusammengestellt von Theo Lücker, 112 S., kart. **DM 6,80**/S 59.–

Rings um den Karneval
Karnevalsscherze und Büttenreden. (0130) Von Dr. Allos, 136 S., kart. **DM 9,80**/S 79.–

Helau und Alaaf 1
Närrisches aus der Bütt. (0304) Von Erich Müller, 112 S., kart. **DM 6,80**/S 59.–

Helau und Alaaf 2
Neue Büttenreden. (0477) Von Edmund Luft, 104 S., kart. **DM 7,80**/S 69.–

Humor und Stimmung
Ein heiteres Vortragsbuch. (0460) Von Günter Wagner, 112 S., kart. **DM 6,80**/S 59.–

Humor und gute Laune
Ein heiteres Vortragsbuch. (0635) Von Günter Wagner, 112 S., kart. **DM 8,80**/S 74.–

Das große Buch der Witze
(0384) Von E. Holz, 320 S., 36 Zeichnungen, geb. **DM 16,80**/S 139.–

Da lacht das Publikum
Neue lustige Vorträge für viele Gelegenheiten. (0716) Von Heinz Schmalenbach, 104 S., kart. **DM 9,80**/S 79.–

Lach mit!
Witze für Kinder, gesammelt von Kindern. (0468) Herausgegeben von Waltraud Pröve, 128 S., 17 Zeichnungen, kart. **DM 5,80**/S 49.–

Witzig, witzig
(0507) Von Erich Müller, 128 S., 16 Zeichnungen, kart. **DM 6,80**/S 55.–

Lach mit den Schlümpfen
(0610) Von Peyo, 64 S., viele Abb., kart. **DM 6,80**/S 59.–

Die besten Witze und Cartoons des Jahres 1
(0454) Herausgegeben von Karl Hartmann, 288 S., 125 Zeichnungen, geb. **DM 16,80**/S 139.–

Die besten Witze und Cartoons des Jahres 2
(0488) Herausgegeben von Karl Hartmann, 288 S., 148 Zeichnungen, geb. **DM 16,80**/S 139.–

Die besten Witze und Cartoons des Jahres 3
(0524) Herausgegeben von Karl Hartmann, 288 S., 105 Zeichnungen, Pappband. **DM 16,80**/S 139.–

Die besten Witze und Cartoons des Jahres 4
(0579) Herausgegeben von Karl Hartmann, 288 S., 140 Zeichnungen, Pappband. **DM 16,80**/S 139.–

Die besten Witze und Cartoons des Jahres 5
(0642) Herausgegeben von Karl Hartmann, 288 S., 88 Zeichnungen, Pappband. **DM 16,80**/S 139.–

Das Superbuch der Witze
(4146) Von B. Bornheim, 504 S., 54 Cartoons, Pappband. **DM 15,–**/S 120.–

Die besten Beamtenwitze
(0574) Herausgegeben von Waltraud Pröve, 112 S., 61 Cartoons, kart. **DM 5,80**/S 49.–

Die besten Kalauer
(0705) Von Klaus Frank, 112 S., 12 Zeichnungen, kart., **DM 5,80**/S 49.–

Robert Lembkes Witzauslese
(0325) Von Robert Lembke, 160 S., mit 10 Zeichnungen von E. Köhler, gebunden. **DM 14,80**/S 119.–

Fred Metzlers Witze mit Pfiff
(0368) Von Fred Metzler, 120 S., kart. **DM 5,80**/S 49.–

O frivol ist mir am Abend
Pikante Witze von Fred Metzler. (0388) Von Fred Metzler, 128 S., mit Karikaturen, kart. **DM 5,80**/S 49.–

Herrenwitze
(0589) Von Georg Wilhelm, 112 S., 30 Zeichnungen, kart. **DM 5,80**/S 49.–

Witze am laufenden Band
(0461) Von Fips Asmussen, 118 S., kart. **DM 5,80**/S 49.–

Horror zum Totlachen
Gruselwitze
(0536) Von Franz Lautenschläger, 96 S., 44 Zeichnungen, kart. **DM 5,80**/S 49.–

Die besten Ostfriesenwitze
(0495) Herausgegeben von Onno Freese, 112 S., 17 Zeichnungen, kart. **DM 5,80**/S 49.–

Olympische Witze
Sportlerwitze in Wort und Bild. (0505) Von Wolfgang Willnat, 112 S., 126 Zeichnungen, kart.**DM 5,80**/S 49.–

Ich lach mit kaputt! Die besten Kinderwitze
(0545) Von Erwin Hannemann, 128 S., 15 Zeichnungen, kart. **DM 5,80**/S 49.–

Natur

Faszination Berg
zwischen Alpen und Himalaya. (4214) Von Toni Hiebeler, 96 S., 100 großformatige Farbfotos, Pappband. **DM 24,80**/S 198.–

Gefährdete und geschützte Pflanzen
erkennen und benennen. (0596) Von Wieland Schnedler und Karl Wolfstetter. 160 S., 140 Farbfotos, 4 Zeichnungen, kart. **DM 19,80**/S 159.–

Beeren und Waldfrüchte
erkennen und benennen, eßbar oder giftig? (0401) Von Jörg Raithelhuber, 120 S., 94 Farbfotos, kart. **DM 16,80**/S 139.–

Bäume und Sträucher
erkennen und benennen. (0509) Von Jörg Raithelhuber, 116 S., 108 Farbfotos, kart. **DM 16,80**/S 139.–

Falken-Handbuch **Pilze**
Mit über 250 Farbfotos und Rezepten. (4061) Von Martin Knoop, 276 S., 250 Farbfotos, 28 Zeichnungen, gebunden. **DM 39,–**/S 319.–

Pilze
erkennen und benennen. (0380) Von Jörg Raithelhuber, 136 S., 110 Farbfotos, kart. **DM 14,80**/S 119.–

Falken-Handbuch
Der Garten
Das moderne illustrierte Standardwerk. (4044) Von Gerhard Bambach, unter Mitarbeit von U. Kaiser, W. Velte und J. Zech, 770 S., 40 Farbtafeln, 77 Farbfotos, 787 s/w-Fotos, 147 Zeichnungen, gebunden. **DM 49,–**/S 398.–

Das Gartenjahr
Arbeitsplan für draußen und drinnen. (4075) Von Gerhard Bambach, 152 S., 16 Farbtafeln, viele Abb., kart. **DM 12,80**/S 99.–

Gartenteiche und Wasserspiele
planen, anlegen und pflegen. (4083) Von Horst R. Sikora, 160 S., 16 Farbtafeln, über 100 Skizzen und Abb., Pappband. **DM 29,80**/S 239.–

Gärtnern
(5004) Von Inge Manz, 64 S., 38 Farbfotos, Pappband. **DM 12,80**/S 99.–

Gärtner Gustavs Gartenkalender
Arbeitspläne · Pflanzenporträts · Gartenlexikon. (4155) Von Gustav Schoser, 120 S., 146 Farbfotos, 13 Tabellen, 203 farbige Zeichnungen, Pappband. **DM 24,80**/S 198.–

Leben im Naturgarten
Der Biogärtner und seine gesunde Umwelt. (4124) Von Norbert Jorek, 136 S., 68 s/w-Fotos, kart. **DM 12,80**/S 99.–

Mischkultur im Nutzgarten
Mit Jahreskalender und Anbauplänen. (0651) Von Helmut Oppel, 112 S., 8 Farbtafeln, 23s/w-Fotos, 29 Zeichnungen, kart. **DM 9,80**/S 79.–

Frühbeet und Kleingewächshaus
(5055) Von Gustav Schoser, 64 S., 43 Farbfotos, Pappband. **DM 12,80**/S 99.–

FALKEN VERLAG

Die Preise entsprechen dem Status beim Druck dieses

Insekten Mitteleuropas
erkennen und benennen. (0588) Von Helmut Bechtel, 144 S., 129 Farbfotos, 18 Zeichnungen, kart. **DM 16,80**/S 139.–

Schmetterlinge
Tagfalter Mitteleuropas erkennen und benennen. (0510) Von Thomas Ruckstuhl, 156 S., 136 Farbfotos, kart. **DM 16,80**/S 139.–

Blühende Zimmerpflanzen
(5010) Von Rolf Blaich, 64 S., 107 Farbfotos, Pappband. **DM 12,80**/S 99.–

Falken-Handbuch **Zimmerpflanzen**
1600 Pflanzenporträts.
(4082) Von Rolf Blaich, 432 S., 480 Farbfotos, 84 Zeichnungen, 1600 Pflanzenbeschreibungen, geb. **DM 39,–**/S 319.–

Blütenpracht in Grolit 2000
Der neue, mühelose Weg zu farbenprächtigen Zimmerpflanzen.
(5127) Von Gabriele Vocke, 64 S., 50 Farbfotos, Pappband.
DM 12,80/S 99.–

Zimmerbäume, Palmen und andere Blattpflanzen
(5111) Von Gustav Schoser, 96 S., 98 Farbfotos, 7 Zeichnungen, Pappband.
DM 16,80/S 139.–

Biologisch zimmergärtnern
Zier- und Nutzpflanzen natürlich pflegen.
(4144) Von Norbert Jorek, 152 S., 15 Farbtafeln, 120 s/w-Fotos, Pappband.
DM 19,80/S 159.–

Hydrokultur
Pflanzen ohne Erde – mühelos gepflegt.
(4080) Von Hans-August Rotter, 120 S., 67 farbige und s/w-Abb. sowie Zeichnungen, geb. **DM 19,80**/S 159.–

Zimmerpflanzen in Hydrokultur
Leitfaden für problemlose Blumenpflege.
(0660) Von Hans-August Rotter, 32 S., 76 Farbfotos, 8 farbige Zeichnungen, Spiralbindung, kart. **DM 6,80**/S 59.–

Sukkulenten
Mittagsblumen, Lebende Steine, Wolfsmilchgewächs u. a.
(5070) Von Werner Hoffmann, 64 S., 82 Farbfotos, Pappband.
DM 12,80/S 99.–

Kakteen und andere Sukkulenten
300 Arten mit über 500 Farbfotos.
(4116) Von Günter Andersohn, 316 S., 520 Farbtafeln, 193 Zeichnungen, geb.
DM 49,–/S 398.–

Fibel für Kakteenfreunde
(0199) Von H. Herold, 102 S., 23 Farbfotos, kart. **DM 7,80**/S 69.–

Kakteen
Herkunft, Anzucht, Pflege, Klimabedingungen.
(5021) Von Werner Hoffmann, 64 S., 70 Farbfotos, Pappband.
DM 12,80/S 99.–

Faszinierende Formen und Farben
Kakteen
(4211) Von Katharina und Franz Schild, 96 S., 127 großformatige Farbfotos, Pappband. **DM 24,80**/S 198.–

Gemüse, Kräuter, Obst aus dem Balkongarten
– Erfolgreich ernten auf kleinstem Raum.
(0694) Von Siegfried Stein, 32 S., 34 Farbfotos, 5 Zeichnungen, Spiralbindung, kart., **DM 7,80**/S 69.–

Erfolgstips für den Gemüsegarten
Mit naturgemäßem Anbau zu höherem Ertrag.
(0674) Von Franz Mühl, 80 S., 30 s/w-Fotos, 4 Zeichnungen, kart. **DM 7,80**/S 69.–

Der Obstgarten
Pflanzung · Pflege · Baumschnitt · Neuheiten. (5100) Von Joachim Zech, 64 S., 54 Farbfotos, Pappband.
DM 12,80/S 99.–

Der richtige Schnitt von Obst- und Ziergehölzen, Rosen und Hecken
(0619) Von Erich Zettl, 88 S., 8 Farbtafeln, 39 Zeichnungen, 21 s/w-Fotos, kart. **DM 7,80**/S 69.–

Unkraut im Garten
erkennen und erfolgreich bekämpfen.
(0637) Von Friedrich und Heidrun Jantzen, 144 S., 190 Farbfotos, kart. **DM 16,80**/S 139.–

Das Blumenjahr
Arbeitsplan für drinnen und draußen.
(4142) Von Gabriele Vocke, 136 S., 15 Farbtafeln, kart. **DM 12,80**/S 99.–

Blumenpracht im Garten
(5014) Von Inge Manz, 64 S., 93 Farbfotos, Pappband.
DM 12,80/S 99.–

Rosen
Arten – Pflanzung – Pflege.
(5065) Von Inge Manz, 64 S., 60 Farbfotos, Pappband. **DM 12,80**/S 99.–

Ziersträucher und -bäume im Garten
(5071) Von Inge Manz, 64 S., 91 Farbfotos, Pappband. **DM 12,80**/S 99.–

Falken-Handbuch **Katzen**
(4158) Von B. Gerber, 176 S., 294 Farb- und 88 s/w-Fotos, Pappband.
DM 39,–/S 319.–

Katzen
Rassen · Haltung · Pflege. (4216) Von Brigitte Eilert-Overbeck, 96 S., 82 großformatige Farbfotos, Pappband.
DM 24,80/S 198.–

Lieblinge auf Samtpfötchen **Katzen**
(2202) Von Brigitte Eilert-Overbeck, 80 S., 53 Farbfotos, 5 s/w-Fotos, Pappband. **DM 9,80**/S 85.–

Katzenkrankheiten
Erkennung und Behandlung. (0652) Von Dr. med. vet. Rolf Spangenberg, 176 S., 64 s/w-Fotos, 4 Zeichnungen, kart.
DM 9,80/S 79.–

Steingärten
Anlage – Pflanzen – Pflege.
(5092) Von Martin Haberer, 64 S., 90 Farbfotos, Pappband.
DM 12,80/S 99.–

Balkons in Blütenpracht
zu allen Jahreszeiten.
(5047) Von Nikolaus Uhl, 64 S., 82 Farbfotos, Pappband. **DM 12,80**/S 99.–

Kübelpflanzen
für Balkon, Terrasse und Dachgarten.
(5132) Von Martin Haberer, 64 S., 70 Farbfotos, Pappband.
DM 14,80/S 119.–

Kletterpflanzen
Rankende Begrünung für Fassade, Balkon und Garten.
(5140) Von Martin Haberer, 64 S., 70 Farbabb., 2 Zeichnungen, Pappband.
DM 12,80/S 99.–

Grabgestaltung
Bepflanzung und Pflege zu jeder Jahreszeit. (5120) Von Nikolaus Uhl, 64 S., 77 Farbfotos, 2 Zeichnungen, Pappband. **DM 14,80**/S 119.–

Blütenpracht in Haus und Garten
Der große praktische Ratgeber mit über 1000 farbigen Abbildungen.
(4145) Von Martin Haberer, Friedrich Jantzen, Gernot Lysek, Peter Möhring und Nikolaus Uhl, 352 S., 1012 Farbfotos, 3 Zeichnungen, Pappband.
DM 29,80/S 239.–

Sag's mit Blumen
Pflege und Arrangieren von Schnittblumen.
(5103) Von Peter Möhring, 64 S., 68 Farbfotos, 2 s/w-Fotos, Pappband.
DM 12,80/S 99.–

Bonsai
Japanische Miniaturbäume und Miniaturlandschaften.
Anzucht, Gestaltung und Pflege.
(4091) Von Benedikt Lesniewicz, 160 S., 106 Farbfotos, 46 s/w-Fotos, 115 Zeichnungen, geb. **DM 68,–**/S 549.–

Falken-Handbuch **Das Terrarium**
(4069) Von Burkhard Kahl, Paul Gaupp, Dr. Günter Schmidt, 336 S., 215 Farbfotos, geb. **DM 58,–**/S 460.–

Falken-Handbuch **Das Aquarium**
Einrichtung, Pflege und Fische für Süß- und Meerwasser. (4029) Von Hans J. Mayland, 334 S., über 415 Farbfotos und Farbtafeln, 150 Zeichnungen, geb.
DM 39,–/S 319.–

Aquarienfische
des tropischen Süßwassers. (5003) Von Hans J. Mayland, 64 S., 98 Farbfotos, Pappband. **DM 12,80**/S 99.–

Süßwasser-Aquarienfische
(4212) Von Burkhard Kahl, 96 S., 108 großformatige Farbfotos, Pappband. kart. **DM 24,80**/S 198.–

Das Süßwasser-Aquarium
Einrichtung – Pflege – Fische – Pflanzen.
(0153) Von Hans J. Mayland, 132 S., 163 Zeichnungen, 8 Farbtafeln, kart.
DM 8,80/S 74.–

Das Meerwasser-Aquarium
Einrichtung – Pflege – Fische und niedere Tiere. (0281) Von Hans J. Mayland, 146 S., 30 farbige und 228 s/w-Abb., kart. **DM 14,80**/S 119.–

Orchideen
(4215) Von Gustav Schoser, 96 S., 143 großformatige Farbfotos, Pappband.
DM 24,80/S 198.–

Orchideen
Eigenart – Schnittblumen – Topfkultur – Pflege. (5038) Von Gustav Schoser, 64 S., 75 Farbfotos, Pappband.
DM 14,80/S 119.–

Keime, Sprossen, Küchenkräuter
am Fenster ziehen – rund ums Jahr. (0658) Von Friedrich und Heidrun Jantzen, 32 S., 55 Farbfotos, Spiralbindung, kart. **DM 6,80**/S 59.–

Falken-Handbuch **Hunde**
(4118) Von Horst Bielfeld, 176 S., 222 Farbfotos und Farbzeichnungen, 73 s/w-Abb., geb.
DM 39,–/S 319.–

Hunde
Rassen · Erziehung · Haltung. (4209) Von Horst Bielfeld, 96 S., 101 großformatige Farbfotos, Pappband.
DM 24,80/S 198.–

Das neue Hundebuch
Rassen · Aufzucht · Pflege. (0009) Von Walter Busack, überarbeitet von Dr. med. vet. A. H. Hacker, 104 S., 8 Farbtafeln, kart. **DM 8,80**/S 74.–

Falken-Handbuch
Der Deutsche Schäferhund
(4077) Von Ursula Förster, 228 S., 160 farbige und s/w-Abb. sowie Zeichnungen, geb. **DM 29,80**/S 239.–

Der Deutsche Schäferhund
(0073) Von Alfred Hacker, 104 S., 56 Abb., kart. **DM 7,80**/S 69.–

Dackel, Teckel, Dachshund
Aufzucht · Pflege · Ausbildung. (0508) Von Marianne Wein-Gysae, 112 S., 4 Farbtafeln, 43 s/w-Fotos, 2 Zeichnungen, kart. **DM 9,80**/S 79.–

Hunde-Ausbildung
Verhalten – Gehorsam – Abrichtung. (0346) Von Prof. Dr. Rudolphine Menzel, 96 S., 18 Fotos, kart. **DM 7,80**/S 69.–

Hundekrankheiten
Erkennung und Behandlung, Steuerung des Sexualverhaltens. (0570) Von Dr. med. vet. Rolf Spangenberg, 128 S., 68 s/w-Fotos, 10 Zeichnungen, kart.
DM 9,80/S 79.–

Das neue Katzenbuch
Rassen – Aufzucht – Pflege. (0427) Von Brigitte Eilert-Overbeck, 136 S., 14 Farbfotos, 26 s/w-Fotos, kart.
DM 8,80/S 74.–

Hilfe für den Wald
Ursachen, Schadbilder, Hilfsprogramme. Was jeder wissen muß, um unser wichtigstes Öko-System zu retten. (4164) Von K. F. Wentzel, R. Zundel, 128 S., 178 Farb- u. 6 s/w-Fotos, 60 Zeichnungen, kart.
DM 19,80 /S 159.–

So wird mein Garten zum Biogarten
Alles über die Umstellung auf naturgemäßen Anbau. (0706) Von Ingrid Gabriel, 128 S., durchgehend 4farbig, 73 Farbfotos und Zeichnungen, kart.
DM 14,80 /S 119.–

Cichliden
Pflege, Herkunft und Nachzucht der wichtigsten Buntbarscharten (5144) Von J. in't Veen, 96 S., 163 Farbfotos, Pbd. **DM 19,80** /S 159.–

Gesunde Pflanzen im Biogarten
Biologische Maßnahmen bei Schädlingsbefall und Pflanzenkrankheiten. (0707) Von Ingrid Gabriel, 128 S., durchgehend 4farbig, 73 Farbfotos und Zeichnungen, kart. **DM 14,80** /S 119.–

Der Biogarten unter Glas und Folie
Ganzjährig erfolgreich ernten. (0722) Von Ingrid Gabriel, 128 S., durchgehend vierfarbig, 58 Fotos, 39 Zeichn., kart. **DM 14,80** /S 119.–

Neuanlage eines Biogartens
Planung, Bodenvorbereitung, Gestaltung (0721) Von Ingrid Gabriel, 128 S., durchgehend vierfarb., 73 Farbfotos, 35 Zeichnungen, kart. **DM 14,80** /S 119.–

Das Bio-Gartenjahr
Arbeitsplan für naturgemäßes Gärtnern. (4169) Von Norbert Jorek, 128 S., 8 Farbtafeln, 70 s/w-Abb., kart.
DM 14,80 /S 119.–

Vom betörenden Zauber der **Rosen**
(2206) Von Helmut Steinhauer, 80 S., 89 Farbfotos und Zeichnungen, Pappband. **DM 9,80** /S 85.–

Bauernregeln
Wenn die Schwalben niedrig fliegen (2208) Von G. Haddenbach, 80 S., 52 Farbfotos und Zeichnungen, Pappband. **DM 9,80** /S 85.–

Hunde
Die treuen Freunde des Menschen (2207) Von Rolf Spangenberg, 80 S., 49 Farbfotos und Zeichnungen, Pappband. **DM 9,80** /S 85.–

Ponys
Rassen, Haltung, Reiten. (4205) Von Stefan Braun, 96 S., 84 großformatige Farbfotos, Pappband.
DM 24,80/S 198.–

Vögel
Die wichtigsten Arten Mitteleuropas erkennen und benennen. (0554) Von Joachim Zech, 152 S., 135 Farbfotos, 4 s/w-Fotos, 5 Zeichnungen, kart.
DM 16,80/S 139.–

Wellensittiche
Arten · Haltung · Pflege · Sprechunterricht · Zucht. (5136) Von Horst Bielfeld, 64 S., 59 Farbfotos, Pappband.
DM 12,80/S 99.–

Papageien und Sittiche
Arten · Pflege · Sprechunterricht. (0591) Von Horst Bielfeld, 112 S., 8 Farbtafeln, kart. **DM 9,80**/S 79.–

Gesundheit

Der praktische Hausarzt
(4100) Von Dr. med. Rosemarie Jäkel, 608 S., 201 s/w-Fotos, 118 Zeichnungen, Pappband. **DM 29,80**/S 239.–

Heiltees und Kräuter für die Gesundheit
(4123) Von Gerhard Leibold, 136 S., 15 Farbtafeln, 16 Zeichnungen, kart.
DM 12,80/S 99.–

Falken-Handbuch **Heilkräuter**
Modernes Lexikon der Pflanzen und Anwendungen (4076) Von Gerhard Leibold, 392 S., 183 Farbfotos, geb.
DM 39,–/S 319.–

Die farbige Kräuterfibel
(0245) Von Ingrid Gabriel, 196 S., 49 farbige und 97 s/w-Abb., Pappband.
DM 14,80/S 119.–

Arzneikräuter und Wildgemüse
erkennen und benennen. (0459) Von Jörg Raithelhuber, 144 S., 108 Farbfotos, kart. **DM 16,80**/S 139.–

Falken-Handbuch **Bio-Medizin**
Alles über die moderne Naturheilpraxis. (4136) Von Gerhard Leibold, 552 S., 16 Farbtafeln, Pappband.
DM 39,–/S 319.–

Gesund bleiben – gesund werden durch Enzyme
(0677) Von Gerhard Leibold, 96 S., kart.
DM 9,80/S 79.–

Gesund bleiben – gesund werden durch Heilfasten
(0713) Von Gerhard Leibold, 108 S., kart.
DM 9,80/S 79.–

So lebt man länger nach Dr. Le Comptes Erfolgsmethode!
Vital und gesund bis ins hohe Alter. (4129) Von Dr. Herman Le Compte, Pia Pervenche, 224 S., geb.
DM 24,80/S 198.–

Gesundheit und Spannkraft durch Yoga
(0321) Von Lothar Frank und Ursula Ebbers, 112 S., 50 s/w-Fotos, kart.
DM 7,80/S 69.–

Yoga für jeden
(0341) Von Kareen Zebroff, 156 S., 135 Abb., kart. **DM 20,–**/S 160.–

Yoga gegen Haltungsschäden und Rückenschmerzen
(0394) Von Alois Raab, 104 S., 215 Abb., kart. **DM 6,80**/S 59.–

Hypnose und Autosuggestion
Methoden – Heilwirkungen – praktische Beispiele. (0483) Von Gerhard Leibold, 116 S., kart. **DM 7,80**/S 69.–

Autogenes Training
Anwendung · Heilwirkungen · Methoden. (0541) Von Rolf Faller, 128 S., 3 Zeichnungen, kart. **DM 9,80**/S 79.–

Eigenbehandlung durch Akupressur
Heilwirkungen – Energielehre – Meridiane. (0417) Von Gerhard Leibold, 152 S., 78 Abb., kart. **DM 9,80**/S 79.–

Die fernöstliche Fingerdrucktherapie Shiatsu
Anleitungen zur Selbsthilfe – Heilwirkungen. (0615) Von Gerhard Leibold, 196 S., 180 Abb., kart.
DM 16,80/S 139.–

FALKEN VERLAG

Die Preise entsprechen dem Status beim Druck dieses

10 Minuten täglich Tele-Gymnastik
(5102) Von Beate Manz und Kafi Biermann, 128 S., 381 Abb., kart.
DM 12,80/S 99.–

Gesund und fit durch Gymnastik
(0366) Von Hannelore Pilss-Samek, 132 S., 150 Abb., kart. **DM 7,80**/S 69.–

Stretching
Mit Dehnungsgymnastik zu Entspannung, Geschmeidigkeit und Wohlbefinden. (0717) Von Hans Schulz, 80 S., 90 s/w-Fotos, kart.
DM 7,80/S 69.–

Schönheitspflege
Kosmetische Tips für jeden Tag. (0493) Von Heide Zander, 180 S., 25 Abb., kart.
DM 7,80/S 69.–

Tanz und Spiele für Bewegungsbehinderte
Ein Anfängerkurs für alle, die mitmachen wollen. Empfohlen vom Bundesverband für Tanztherapie e.V. (0581) Von Wally Kaechele, 96 S., 105 s/w-Fotos, 9 Zeichnungen, Spiralbindung.
DM 19,80/S 159.–

Natur-Apotheke
Gesundheit durch altbewährte Kräuterrezepte und Hausmittel.
(4156) Von Gerhard Leibold, 236 S., 105 Zeichnungen, 8 Farbtafeln, kart.,
DM 19,80/S 159.–
(4157) Pappband, **26,80**/S 218.–

Bildatlas des menschlichen Körpers
(4177) Von G. Pogliani u. V. Vannini, 112 S., über 450 Farbabb., Pappband,
DM 29,80/S 239.–

Fußmassage
Reflexzonentherapie am Fuß
(0714) Von Gerhard Leibold, 96 S., 38 Zeichnungen, kart. **DM 9,80**/S 79.–

Rheuma und Gicht
Krankheitsbilder, Behandlung, Therapieverfahren, Selbstbehandlung, richtige Lebensführung und Ernährung
(0712) Von Dr. J. Höder, J. Bandick, 104 S., kart. **DM 9,80**/S 79.–

Krampfadern
Ursachen, Vorbeugung, Selbstbehandlung, Therapieverfahren
(0727) Von Dr. med. Kurt Steffens, 96 S., 38 Abb., kart. **DM 9,80**/S 79.–

Aktiv Yoga
(0709) Von Karen Zebroff, 112 S., 102 Farbfotos, Spiralbindung, kart.
DM 14,80/S 119.–

Ratgeber, Lebenshilfe

Umgangsformen heute
Die Empfehlungen des Fachausschusses für Umgangsformen. (4015) 282 S., 160 s/w-Fotos, 25 Zeichnungen, geb.
DM 29,80/S 239.–

Der Gute Ton
Ein moderner Knigge. (0063) Von Irmgard Wolter, 168 S., 38 Zeichnungen, kart. **DM 9,80**/S 79.–

Tischkarten und Tischdekorationen
(5063) Von Gabriele Vocke, 64 S., 79 Farbfotos, Pappband.
DM 12,80/S 99.–

Von der Verlobung zur Goldenen Hochzeit
Vorbereitung · Festgestaltung · Glückwünsche. (0393) Von Elisabeth Ruge, 120 S., kart. **DM 6,80**/S 59.–

Reden zur Hochzeit
Musteransprachen für Hochzeitstage. (0654) Von Günter Georg, 112 S., kart.
DM 6,80/S 59.–

Glückwünsche, Toasts und Festreden zur Hochzeit.
(0264) Von Irmgard Wolter, 128 S., kart.
DM 7,80/S 69.–

Hochzeits- und Bierzeitungen
Muster, Tips und Anregungen.
(0288) Von Hans-Jürgen Winkler, mit vielen Text- und Gestaltungsanregungen, 116 S., 15 Abb., 1 Musterzeitung, kart.
DM 6,80/S 59.–

Kindergedichte zur Grünen, Silbernen und Goldenen Hochzeit
(0318) Von Hans-Jürgen Winkler, 104 S., 20 Abb., kart. **DM 5,80**/S 49.–

Die Silberhochzeit
Vorbereitung · Einladung · Geschenkvorschläge · Festablauf · Menüs · Reden · Glückwünsche. (0542) Von Karin F. Merkle, 120 S., 41 Zeichnungen, kart.
DM 9,80/S 79.–

Großes Buch der Glückwünsche
(0255) Herausgegeben von Olaf Fuhrmann, 240 S., 77 Zeichnungen und viele Gestaltungsvorschläge, kart.
DM 9,80/S 79.–

Neue Glückwunschfibel
für Groß und Klein. (0156) Von Renée Christian-Hildebrandt, 96 S., kart.
DM 4,80/S 39.–

Glückwunschverse für Kinder
(0277) Von Bettina Ulrici, 80 S., kart.
DM 5,80/S 49.–

Die Redekunst · Rhetorik · Rednererfolg
(0076) Von Kurt Wolter, überarbeitet von Dr. W. Tappe, 80 S., kart.
DM 4,80/S 39.–

Reden und Ansprachen
für jeden Anlaß. (4009) Herausgegeben von Frank Sicker, 454 S., geb.
DM 39,–/S 319.–

Reden zum Jubiläum
Musteransprachen für viele Gelegenheiten (0595) Von Günter Georg, 112 S., kart. **DM 6,80**/S 59.–

Reden und Sprüche zu Grundsteinlegung, Richtfest und Einzug
Musteransprachen für viele Gelegenheiten. (0598) Von Albert Bruder, Günter Georg, 96 S., kart.
DM 6,80/S 59.–

Reden zu Familienfesten
Musteransprachen für viele Gelegenheiten. (0675) Von Günter Georg, 108 S., kart. **DM 6,80**/S 59.–

Festreden und Vereinsreden
Ansprachen für festliche Gelegenheiten. (0069) Von Karl Lehnhoff und Elisabeth Ruge, 88 S., kart. **DM 5,80**/S 49.–

Reden im Verein
Musteransprachen für viele Gelegenheiten. (0703) Von Günter Georg, 112 S., kart., **DM 6,80**/S 59.–

Trinksprüche, Richtsprüche, Gästebuchverse
(0224) Von Dieter Kellermann, 80 S., kart. **DM 5,80**/S 49.–

Ins Gästebuch geschrieben
(0576) Von Kurt H. Trabeck, 96 S., 24 Zeichnungen, kart. **DM 7,80**/S 69.–

Poesiealbumverse
Heiteres und Besinnliches. (0578) Von Anne Göttling, 112 S., 20 Abb., Pappband. **DM 14,80**/S 119.–

Verse fürs Poesiealbum
(0241) Von Irmgard Wolter, 96 S., 20 Abb., kart. **DM 5,80**/S 49.–

Rosen, Tulpen, Nelken . . .
Beliebte Verse fürs Poesiealbum
(0431) Von Waltraud Pröve, 96 S., mit Faksimile-Abb., kart. **DM 5,80**/S 49.–

Der Verseschmied
Kleiner Leitfaden für Hobbydichter. Mit Reimlexikon. (0597) Von Theodor Parisius, 96 S., 28 Zeichnungen, kart.
DM 7,80 /S 69.–

Moderne Korrespondenz
(4014) Von Hans Kirst und Wolfgang Manekeller, 568 S., gebunden.
DM 39,– /S 319.–

Der neue Briefsteller
(0060) Von Irmgard Wolter-Rosendorf, 112 S., kart. **DM 5,80** /S 49.–

Geschäftliche Briefe
des Privatmanns, Handwerkers und Kaufmanns. (0041) Von Alfred Römer, 96 S., kart. **DM 6,80** /S 59.–

Behördenkorrespondenz
Musterbriefe – Anträge – Einsprüche. (0412) Von Elisabeth Ruge, 120 S., kart.
DM 6,80 /S 59.–

Musterbriefe
für alle Gelegenheiten. (0231) Herausgegeben von Olaf Fuhrmann, 240 S., kart. **DM 9,80** /S 79.–

Privatbriefe
Muster für alle Gelegenheiten. (0114) Von Irmgard Wolter-Rosendorf, 132 S., kart.
DM 6,80 /S 59.–

Erfolgstips für den Schriftverkehr
Briefwechsel leicht gemacht durch einfachen Stil und klaren Ausdruck (0678) Von Joachim Werbellin, 120 S., kart. **DM 8,80** /S 74.–

Worte und Briefe der Anteilnahme
(0464) Von Elisabeth Ruge, 128 S., mit vielen Abbildungen, kart.
DM 9,80 /S 79.–

Lebenslauf und Bewerbung
Beispiele für Inhalt, Form und Aufbau. (0428) Von Hans Friedrich, 112 S., kart. **DM 6,80** /S 59.–

Erfolgreiche Bewerbungsbriefe
und Bewerbungsformen. (0138) Von Wolfgang Manekeller, 88 S., kart. **DM 5,80** /S 49.–

Die erfolgreiche Bewerbung
Bewerbung und Vorstellung. (0173) Von Wolfgang Manekeller, 156 S., kart. **DM 9,80** /S 79.–

Die Bewerbung
Der moderne Ratgeber für Bewerbungsbriefe, Lebenslauf und Vorstellungsgespräche. (4138) Von Wolfgang Manekeller, 264 S., Pappband. **DM 19,80** /S 159.–

Vorstellungsgespräche
sicher und erfolgreich führen. (0636) Von Hans Friedrich, 144 S., kart. **DM 9,80** /S 79.–

Zeugnisse im Beruf
richtig schreiben, richtig verstehen. (0544) Von Hans Friedrich, 112 S., kart. **DM 9,80** /S 79.–

In Anerkennung Ihrer . . . . Lob und Würdigung in Briefen und Reden.
(0535) Von Hans Friedrich, 136 S., kart. **DM 7,80** /S 69.–

Erfolgreiche Kaufmannspraxis
Wirtschaftliche Grundlagen, Geld, Kreditwesen, Steuern, Betriebsführung, Recht, EDV. (4046) Von W. Göhler, H. Gölz, M. Heibel, Dr. D. Machenheimer, mit einem Vorwort von Dr. K. Obermayr, 544 S., geb. **DM 34,–** /S 272.–

Der Rechtsberater im Haus
(4048) Von Karl-Heinz Hofmeister, 528 S., geb. **DM 39,–** /S 319.–

Arbeitsrecht
Praktischer Ratgeber für Arbeitnehmer und Arbeitgeber. (0594) Von Johannes Beuthner, 192 S., kart. **DM 16,80** /S 139.–

Mietrecht
Leitfaden für Mieter und Vermieter. (0479) Von Johannes Beuthner, 196 S., kart. **DM 14,80** /S 119.–

Scheidung und Unterhalt
nach dem neuen Eherecht. (0403) Von Rechtsanwalt Hans T. Drewes, 109 S., mit Kosten- und Unterhaltstabellen, kart. **DM 7,80** /S 69.–

Testament und Erbschaft
Erbfolge, Rechte und Pflichten der Erben, Erbschafts- und Schenkungssteuer, Muster für Testamente. (4139) Von Theodor Drewes und Rainer Hollender, 352 S., Pappband. **DM 26,80** /S 218.–

Erbrecht und Testament
Mit Erläuterungen des Erbschaftssteuergesetzes von 1974. (0046) Von Dr. jur. Hanns Wandrey, 124 S., kart. **DM 6,80** /S 59.–

Antiquitäten-(Ver)führer
Stilkunde – Wert – Echtheitsbestimmung. (5057) Von Margot Lutze, 128 S., 191 Farbfotos, Pappband. **DM 19,80** /S 159.–

Der Sklave Calvisius
Alltag in einer römischen Provinz 150 n. Chr. (4058) Von Alice Ammermann, Tilmann Röhrig, Gerhard Schmidt, 120 S., 99 Farbabb., 47 s/w-Abb., Pappband. **DM 19,80** /S 159.–

Die Kunst des Stillens nach neuesten Erkenntnissen
(0701) Von Prof. Dr. med. E. Schmidt/S. Brunn, 112 S., 20 Fotos und Zeichnungen, kart., **DM 9,80** /S 79.–

Elternsache Grundschule
(0692) Von K. Meynersen, 324 S., kart., **DM 26,80** /S 218.–

Sexualberatung
(0402) Von Dr. Marianne Röhl, 168 S., 8 Farbtafeln, 17 Zeichnungen, Pappband. **DM 19,80** /S 159.–

Wenn Sie ein Kind bekommen
(4003) Von Ursula Klamroth, Dr. med. H. Oster, 240 S., 86 s/w-Fotos, 30 Zeichnungen, geb. **DM 24,80** /S 198.–

Vorbereitung auf die Geburt
Schwangerschaftsgymnastik, Atmung, Rückbildungsgymnastik. (0251) Von Sabine Buchholz, 112 S., 98 s/w-Fotos, kart. **DM 6,80** /S 59.–

Wie soll es heißen?
(0211) Von D. Köhr, 136 S., kart. **DM 5,80** /S 49.–

Das Babybuch
Pflege · Ernährung · Entwicklung. (0531) Von Annelore Burkert, 136 S., 8 Farbtafeln, 41 s/w-Fotos, kart. **DM 12,80** /S 99.–

Die neue Lebenshilfe **Biorhytmik**
Höhen und Tiefen der persönlichen Lebenskurven vorausberechnen und danach handeln. (0458) Von Walter A. Appel, 157 S., 63 Zeichnungen, Pappband. **DM 9,80** /S 79.–

Energie aus Sonne, Wasser, Wind und Eis
Alles über Wärmedämmung, Wärmepumpen, Sonnendächer und andere Systeme. (0552) Von Volker Petzold, 216 S., 124 Abb., kart. **DM 16,80** /S 139.–

Vom Urkrümel zum Atompilz
Evolution – Ursache und Ausweg aus der Krise. (4181) Von Jürgen Voigt, 188 S., 20 Farb- u. 70 s/w-Fotos, 32 Zeichnungen, kart. **DM 19,80** /S 159.–

Astrologie
Das Orakel der Sterne. (2211) Von B. A. Mertz, 80 S., 42 Farb- u. 15 s/w-Fotos, Pappband. **DM 9,80** /S 85.–

So finde ich einen Ausbildungsplatz
(0715) Von Hans Friedrich, 136 S., kart., **DM 9,80** /S 79.–

Falken-Handbuch **Astrologie**
Charakterkunde · Schicksal · Liebe und Beruf · Berechnung und Deutung von Horoskopen · Aszendenttabelle. (4068) Von Bernd A. Mertz mit einem Geleitwort von Hildegard Knef, 342 S., mit 60 erläuternden Grafiken, geb. **DM 29,80** /S 239.–

Selbst Wahrsagen mit Karten
Die Zukunft in Liebe, Beruf und Finanzen. (0404) Von Rhea Koch, 112 S., viele Abb., Pappband. **DM 12,80** /S 99.–

Weissagen, Hellsehen, Kartenlegen . . .
Wie jeder die geheimen Kräfte ergründen und für sich nutzen kann. (4153) Von Georg Haddenbach, 192 S., 40 Zeichnungen, Pappband. **DM 16,80** /S 139.–

Wahrsagen mit Tarot-Karten
(0482) Von Edwin J. Nigg, 112 S., 4 Farbtafeln, 52 s/w-Fotos, Abb., Pappband. **DM 14,80** /S 119.–

Aztekenhoroskop
Deutung von Liebe und Schicksal nach dem Aztekenkalender. (0543) Von Christa-Maria und Richard Kerler, 160 S., 20 Zeichnungen, Pappband. **DM 9,80** /S 79.–

Was sagt uns das Horoskop?
Praktische Einführung in die Astrologie. (0655) Von Bernd A. Mertz, 176 S., kart. **DM 9,80** /S 79.–

Das Super-Horoskop
(0465) Von Georg Haddenbach, 175 S., Pappband. **DM 9,80** /S 79.–

Liebeshoroskop für die 12 Sternzeichen
Glück und Harmonie mit Ihrem Traumpartner. Alles über Chancen, Beziehungen, Erotik, Zärtlichkeit, Leidenschaft. (0587) Von Georg Haddenbach, 144 S., 12 Zeichnungen, geb. **DM 6,80** /S 59.–

Die 12 Sternzeichen
Charakter, Liebe und Schicksal. (0385) Von Georg Haddenbach, 160 S., Pappband. **DM 9,80** /S 79.–

Die 12 Sternzeichen im chinesischen Horoskop
(0423) Von Georg Haddenbach, 128 S., Pappband. **DM 9,80** /S 79.–

Sternstunden
für Liebe, Glück und Geld, Berufserfolg und Gesundheit. Das ganz persönliche Mitbringsel für Widder (0621), Stier (0622), Zwillingen (0623), Krebs (0624), Löwe (0625), Jungfrau (0626), Waage (0627), Skorpion (0628), Schütze (0629), Steinbock (0630), Wassermann (0631), Fische (0632) Von Leo Cancer, 62 S., durchgehend farbig, Zeichnungen, Pappband. **DM 5,–** /S 39.–

So deutet man Träume
Die Bildersprache des Unbewußten. (0444) Von Georg Haddenbach, 160 S., Pappband. **DM 9,80** /S 79.–

Die Familie im Horoskop
(4161) Von B. A. Mertz, 296 S., 29 Zeichnungen, kart. **DM 16,80** /S 139.–

ZDF · ORF · DRS
Kompaß Jugend-Lexikon
(4096) Von Richard Kerler, Jochen Blum, unter Mitarbeit von Ursula Kopp, 336 S., 766 Farbfotos, 39 s/w-Fotos und Zeichnungen, Pappband. **DM 29,80** /S 239.–

FALKEN VERLAG

Die Preise entsprechen dem Status beim Druck dieses

Der Weg zum richtigen Computer
Checklisten und Entscheidungshilfen für Auswahl und Einsatz im Betrieb. (4801) Von W. Bauer, 558 S., Mappe mit Ringmechanik **DM 298,–**/S 2.398.–

Computer Grundwissen
Eine Einführung in Funktion und Einsatzmöglichkeiten. (4302) Von Wolfgang Bauer, 176 Seiten, 193 Farb- und 12 s/w-Fotos, 37 Computergrafiken, kart., **DM 29,80**/S 239.–
(4301) Pappband, **DM 36,–**/S 298.–

Einführung in die Programmiersprache BASIC. (4303) Von Susan Curran und Ray Curnow, 192 S., 92 Zeichnungen, Spiralbindung. **DM 19,80**/S 159.–

Lernen mit dem Computer. (4304) Von Susan Curran und Ray Curnow, 144 S., 34 Zeichnungen, Spiralbindung, **DM 19,80**/S 159.–

Computerspiele, Grafik und Musik
(4305) Von Susan Curran und Ray Curnow, 148 S., 46 Zeichnungen, Spiralbindung. **DM 19,80**/S 159.–

Menschen, Computer und Roboter
(4502) Von Wolfgang Rudolph und Hedda Schatz, 144 Seiten und 8 Farbtafeln, kart. **DM 24,80**/S 198.–

Computer sind überall. (4501) Von Wolfgang Rudolph und Hedda Schatz, 144 S., 120 Abb., kart. **DM 24,80**/S 198.–

Das neue Wörterbuch der deutschen Gegenwartssprache
(4163) Von F. Hübner, 480 S., Pappband, **DM 19,80**/S 159.–

Endlich 18 und nun?
Rechte und Pflichten mit der Volljährigkeit. (0646) Von Richard Rathgeber, 224 S., 27 Zeichnungen, kart. **DM 14,80** /S 119.–

Psycho Tests
– Erkennen Sie sich selbst.
(0710) Von Bruce M. Nash, Randolph B. Monchick, 304 S., 81 Zeichnungen, kart., **DM 16,80** /S 139.–

Keine Angst vorm Fliegen
(0463) Von Rudolf Braunburg und Rainer-Joachim Pieritz, 159 S., 15 Farbtafeln, 68 s/w-Fotos, kart. **DM 12,80**/S 99.–

Dinosaurier
und andere Tiere der Urzeit. (4219) Von Gerolf Alschner, 96 S., 81 großformatige Farbzeichnungen, 4 s/w-Fotos, Pappband. **DM 24,80**/S 198.–

Lernhilfen

Deutsch für Ausländer im Selbstunterricht

Ausgabe für Italiener
(0254) Von Italo Nadalin und Ernst Richter, 156 S., 62 Zeichnungen, kart. **DM 9,80**/S 79.–

Ausgabe für Jugoslawen
(0261) Von I. Hladek und Ernst Richter, 132 S., 62 Zeichnungen, kart. **DM 9,80**/S 79.–

Ausgabe für Türken
(0262) Von B. I. Rasch und Ernst Richter, 136 S., 62 Zeichnungen, kart. **DM 9,80**/S 79.–

Deutsch – Ihre neue Sprache.
Grundbuch (0327) Von Hans-Jürgen Demetz und Juan Manuel Puente, 204 S., mit über 200 Abb., kart. **DM 14,80**/S 119.–

Glossar Italienisch
(0329) Von Hans-Jürgen Demetz und Juan Manuel Puente, 74 S., kart. **DM 9,80**/S 79.–

In gleicher Ausstattung:
Glossar Spanisch (0330) **DM 9,80**/S 79.–

Glossar Serbokroatisch (0331) **DM 9,80**/S 79.–

Glossar Türkisch (0332) **DM 9,80**/S 79.–

Glossar Arabisch (0335) **DM 9,80**/S 79.–

Glossar Englisch (0336) **DM 9,80**/S 79.–

Glossar Französisch (0337) **DM 9,80**/S 79.–

Das Deutschbuch
Ein Sprachprogramm für Ausländer, Erwachsene und Jugendliche.
Autorenteam: Juan Manuel Puente, Hans-Jürgen Demetz, Sener Sargut, Marianne Spohner.

Grundbuch Jugendliche
(4915) Von Puente, Demetz, Sargut, Spohner, Hirschberger, Kersten, von Stolzenwaldt, 256 S., durchgehend zweifarbig, kart. **DM 19,80**/S 159.–

Grundbuch Erwachsene
(4901) Von Puente, Demetz, Sargut, Spohner, 292 S., durchgehend zweifarbig, kart. **DM 24,80**/S 198.–

Arbeitsheft
zu Grundbuch Erwachsene und Jugendliche. (4903) Von Puente, Demetz, Sargut, Spohner, 160 S., durchgehend zweifarbig, kart. **DM 16,80**/S 139.–

Aufbaukurs
(4902) Von Puente, Sargut, Spohner, 239 S., durchgehend zweifarbig, kart. **DM 22,80**/S 182.–

Lehrerhandbuch Grundbuch Erwachsene
(4904) 144 S., kart. **DM 14,80**/S 119.–

Lehrerhandbuch Grundbuch Jugendliche
(4929) 120 S., kart. **DM 14,80**/S 119.–

Lehrerhandbuch Aufbaukurs
(4930) 64 S., kart. **DM 9,80**/S 79.–

Glossare Erwachsene:

Türkisch
(4906) 100 S., kart. **DM 9,80**/S 79.–

Englisch
(4912) 100 S., kart. **DM 9,80**/S 79.–

Französisch
(4911) 104 S., kart. **DM 9,80**/S 79.–

Spanisch
(4909) 98 S., kart. **DM 9,80**/S 79.–

Italienisch
(4908) 100 S., kart. **DM 9,80**/S 79.–

Serbokroatisch
(4914) 100 S., kart. **DM 9,80**/S 79.–

Griechisch
(4907) 102 S., kart. **DM 9,80**/S 79.–

Portugiesisch
(4910) 100 S., kart. **DM 9,80**/S 79.–

Polnisch
(4913) 102 S., kart. **DM 9,80**/S 79.–

Arabisch
(4905) 100 S., kart. **DM 9,80**/S 79.–

Glossare Jugendliche:

Türkisch
(4927) 105 S., kart. **DM 9,80**/S 79.–

Italienisch
(4932) Von Alexandra Baumgartner, 100 S., kart. **DM 9,80**/S 79.–

Spanisch
(4933) Von Margerita Weidemann, 100 S., kart. **DM 9,80**/S 79.–

Serbokroatisch
(4934) Von Milan Vuckovic, 100 S., kart. **DM 9,80**/S 79.–

Griechisch
(4936) Von Dr. Georg Tzounakis, 112 S., kart. **DM 9,80**/S 79.–

Tonband Grundbuch Erwachsene
(4916) Ø 18 cm. **DM 125,–**/S 1.000.–

Tonband Grundbuch Jugendliche
(4917) Ø 18 cm. **DM 125,–**/S 1.000.–

Tonband Aufbaukurs
(4918) Ø 18 cm. **DM 125,–**/S 1.000.–

Tonband Arbeitsheft
(4919) Ø 18 cm. **DM 89,–**/S 712.–

Kassetten Grundbuch Erwachsene
(4920) 2 Stück à 90 Min. Laufzeit. **DM 39,–** /S 319.–

Kassetten Grundbuch Jugendliche
(4921) 2 Stück à 90 Min. Laufzeit. **DM 39,–** /S 319.–

Kassetten Aufbaukurs
(4922) 2 Stück à 90 Min. Laufzeit. **DM 39,–** /S 319.–

Kassette Arbeitsheft
(4923) 60 Min. Laufzeit. **DM 19,80** /S 159.–

Overheadfolie Grundbuch Erwachsene
(4924) 60 Stück. **DM 159,–** /S 1.270.–

Overheadfolien Grundbuch Jugendliche
(4925) 59 Stück. **DM 159,–** /S 1.270.–

Overheadfolien Aufbaukurs
(4931) 54 Stück **DM 159,–** /S 1.270.–

FALKEN VERLAG

Diapositive Grundbuch Erwachsene
(4926) 300 Stück. **DM 398,–** /S 3.184.–

Bildkarten
zum Grundbuch Jugendliche und Erwachsene. (4928) 200 Stück
DM 159,– /S 1.270.–

Arbeitshefte für ausländische Jugendliche in der Berufsvorbereitung
Fachsprache im projektorientierten/fachübergreifenden Unterricht
Metall 1
(4937) Von Sener Sargut, Marianne Spohner, 106 S., 30 Farbfotos, 100 Zeichnungen, kart.
DM 14,80 /S 119.–

Maschinenschreiben für Kinder.
(0274) Von Hanns Kaus, 48 S., farbige Abb., kart. **DM 5,80** /S 49.–

So lernt man leicht und schnell
Maschinenschreiben
Lehrbuch für Selbstunterricht und Kurse. (0568) Von Jean W. Wagner, 80 S., 31 s/w-Fotos, 36 Zeichnungen, Spiralbindung, kart. **DM 19,80** /S 159.–

Maschinenschreiben durch Selbstunterricht
(0170) Von A. Fonfara, 84 S., viele Abb., kartoniert. **DM 5,80** /S 49.–

Stenografie
– leicht gemacht im Kursus oder Selbstunterricht. (0266) Von Hanns Kaus, 64 S., kart. **DM 5,80** /S 49.–

Buchführung
leicht gefaßt. Ein Leitfaden für Handwerker und Gewerbetreibende. (0127) Von Richard Pohl, 104 S., kart.
DM 7,80 /S 69.–

Schülerlexikon der Mathematik
Formeln, Übungen und Begriffserklärungen für die Klassen 5–10. (0430) Von Robert Müller, 176 S., 96 Zeichnungen, kart.
DM 9,80 /S 79.–

Mathematik verständlich
Zahlenbereiche Mengenlehre, Algebra, Geometrie, Wahrscheinlichkeitsrechnung, Kaufmännisches Rechnen. (4135) Von Robert Müller, 652 S., 10 s/w- und 109 Farbfotos, 802 farbige und 79 s/w-Zeichnungen, über 2500 Beispiele und Übungen mit Lösungen, Pappband.
DM 68,– /S 549.–

Mathematische Formeln für Schule und Beruf
Mit Beispielen und Erklärungen. (0499) Von Robert Müller, 156 S., 210 Zeichnungen, kart. **DM 9,80** /S 79.–

Rechnen aufgefrischt
für Schule und Beruf. (0100) Von Helmut Rausch, 144 S., kart. **DM 6,80** /S 59.–

Mehr Erfolg in Schule und Beruf
Besseres Deutsch
Mit Übungen und Beispielen für Rechtschreibung, Diktate, Zeichensetzung, Aufsätze, Grammatik, Literaturbetrachtung, Stil, Briefe, Fremdwörter, Reden. (4115) Von Kurt Schreiner, 444 S., 7 s/w-Fotos, 27 Zeichnungen, Pappband. **DM 29,80** /S 239.–

Richtiges Deutsch
Rechtschreibung · Zeichensetzung · Grammatik · Stilkunde. (0551) Von Kurt Schreiner, 128 S., kart.
DM 9,80 /S 79.–

Diktate besser schreiben
Übungen zur Rechtschreibung für die Klassen 4–8. (0469) Von Kurt Schreiner, 149 S., kart. **DM 9,80** /S 79.–

Aufsätze besser schreiben
Förderkurs für die Klassen 4–10. (0429) Von Kurt Schreiner, 144 S., 4 s/w-Fotos, 27 Zeichnungen, kart. **DM 9,80** /S 79.–

Deutsche Grammatik
Ein Lern- und Übungsbuch. (0704) Von Kurt Schreiner, 112 S., kart., **DM 9,80** /S 79.–

Bestellschein

FALKEN VERLAG

Erfüllungsort und Gerichtsstand für Vollkaufleute ist der jeweilige Sitz der Lieferfirma. Für alle übrigen Kunden gilt dieser Gerichtsstand für das Mahnverfahren. Falls durch besondere Umstände Preisänderungen notwendig werden, erfolgt Auftragserledigung zu dem bei der Lieferung gültigen Preis.
Ich bestelle hiermit aus dem Falken-Verlag GmbH, Postfach 1120, D-6272 Niedernhausen/Ts., durch die Buchhandlung:

Ex. ____________________

Ex. ____________________

Ex. ____________________

Ex. ____________________

Ex. ____________________

Ex. ____________________

Name: ____________________

Straße: ____________________ Ort: ____________________

Datum: ____________________ Unterschrift: ____________________

FALKEN VERLAG

Für die Schweiz: sFr.-Preise gemäß Preisauszeichnung in der Buchhandlung